国学撷要 卷一

經

前言

很多时候，回望，是为了朝拜。于是，为了朝拜，回到最初。

回到中国国学的最初，有一本书，像会跳跃的精灵，一下子便跳到了前列——它叫《尔雅》。它是中国的第一部词典，按照词义系统和事物的分类来编纂，它有四千三百多个词语，两千零九十一个条目，收入十九个篇章，而每一篇章的第一个字叫作「释」。释诂、释言、释训、释亲、释宫、释器、释乐、释天、释地、释丘、释山、释水、释草、释木、释虫、释鱼、释鸟、释兽、释畜。站在中华文明的这一端回望几千年前《尔雅》的那个时代，先人对天地万物、人间万象的一一定义、阐释、解读与体悟，在这仿佛一气呵成的十九个「释」中，洋洋洒洒着「天地与我并立，而万物与我为一」的豪情。

「初、哉、首、基、肇、祖、元、胎、俶、落、权舆，始也。」这是《尔雅》第一篇的第一句。一切，从此开始。无论文字，无论语言，无论神话，无论史诗，无论圣人训诫，无论英雄传奇，由「初」这个字肇始的中国国学，一路壮大着奔走，历经数千年，直至成为中华民族的文化根基、精神皈依之所，成为华夏子民于世界的各个角落彼此相认、相知、相依、相伴的表记和永远无法离弃的共同语境，至今不衰。

天下的中国人因拥有国学而天然地成为一家。这一家人有共同的心灵伴侣，它们是吟唱「关关雎鸠，在河之洲」的行吟诗人，是感叹「逝者如斯夫」孔夫子，是「晓梦迷蝴蝶」的浪漫思想者庄周，是渴望「大庇天下寒士俱欢颜」的杜少陵……这一家人还有共同的游戏，比如一起来诵读「大学之道，在明明德……」，这是中国文化传统中君子修身养德而后立志济天下苍生的道德诉求；比如大家一起来写下一首从哪个字念起都能成为佳作的回文诗，这是只有中国语文才能造就的风雅趣致……国学如一片厚土，滋养着中国人的身心，也渗透到中国人的灵魂深处。

中国国学发展几千年漫漫长路上那些堪称国之瑰宝的典籍，恰是中华文化血脉源远流长至今的文字见证，是一个民族的文化遗产，更是一座座镌刻着每一步文明进程的丰碑。

朝拜，而后传承，从此刻开始。

目录

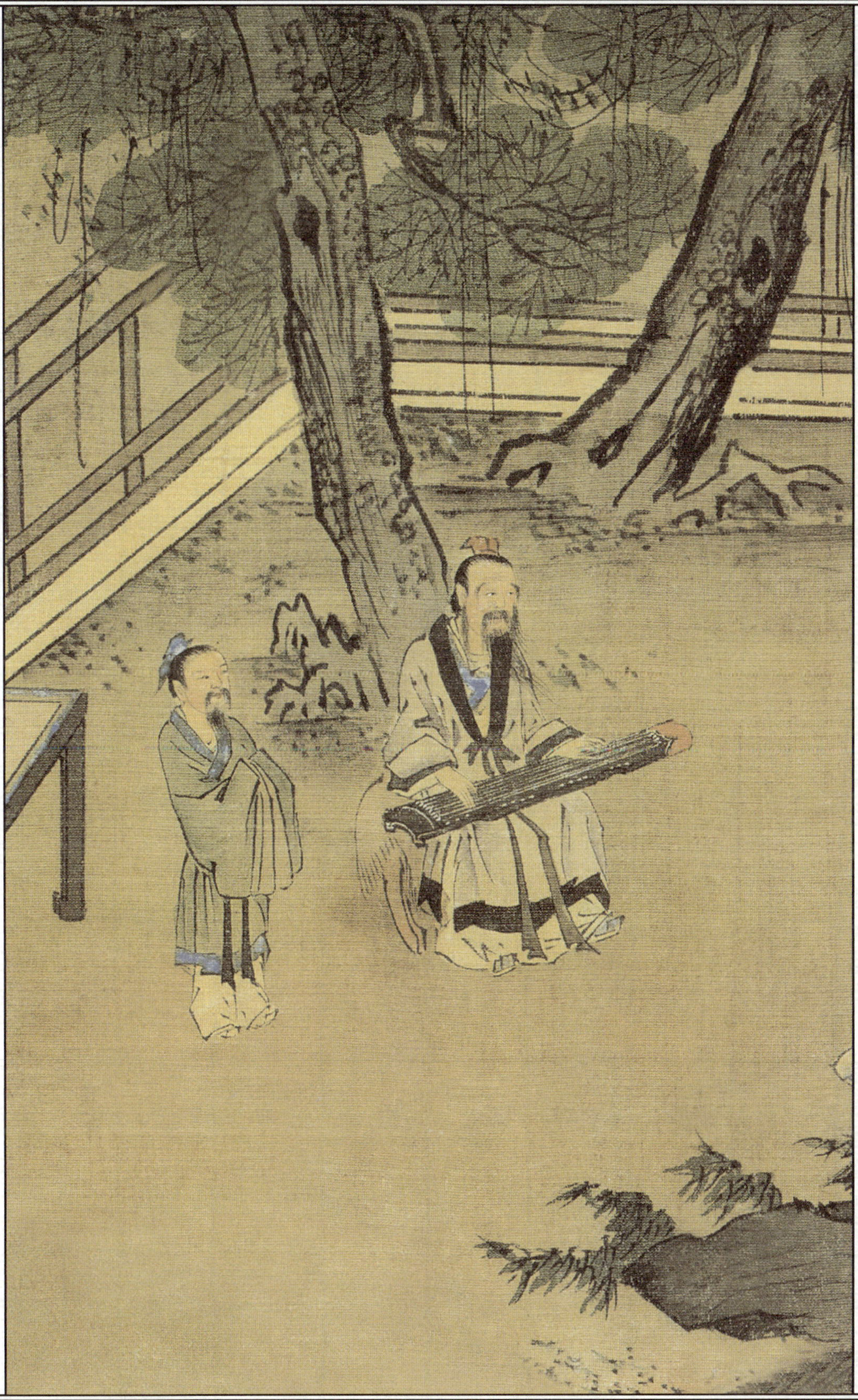

章节·叁

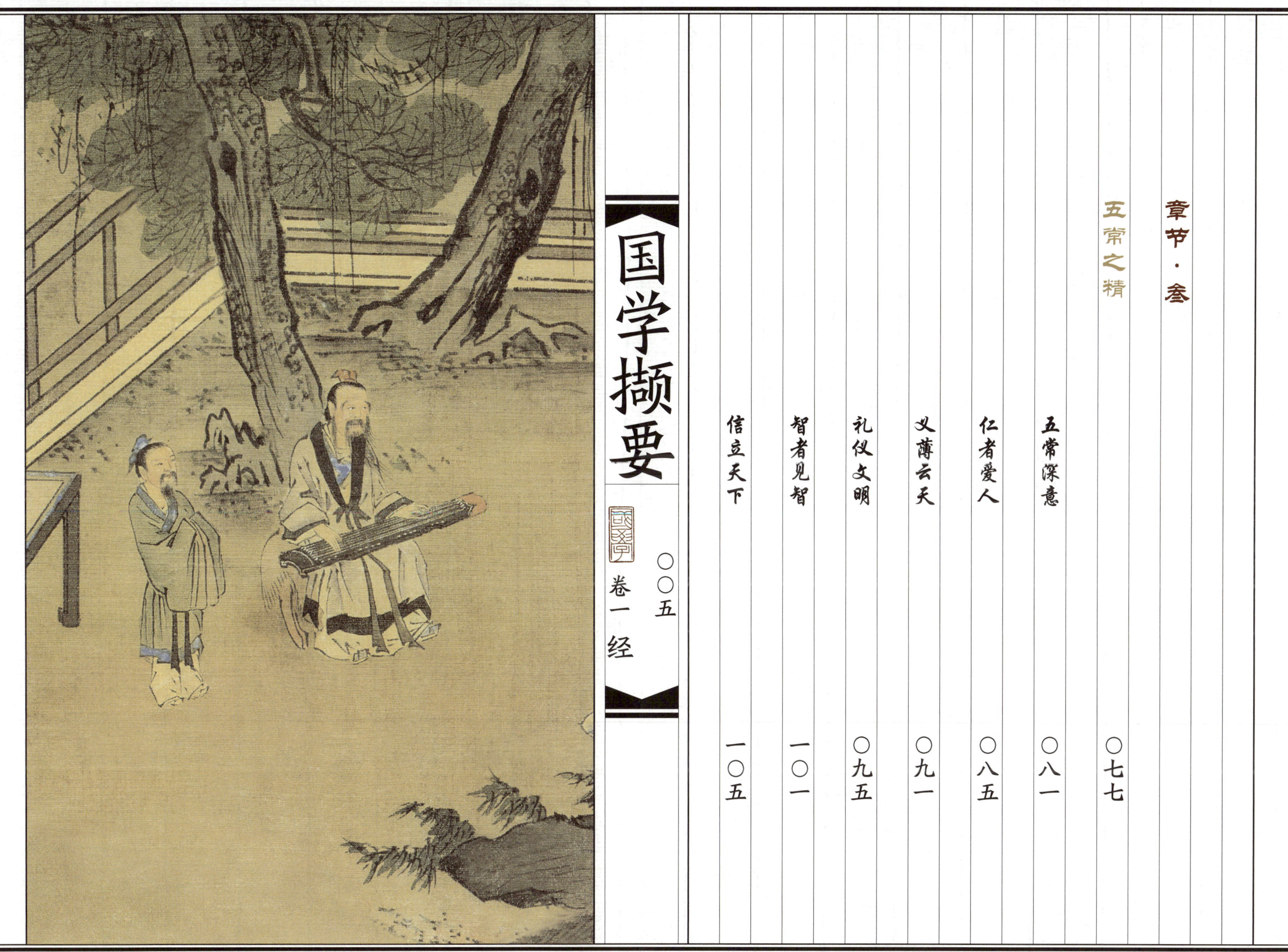

章节·壹

一国之学

【国学典藏】

〇〇

国学是中国独有的文化称谓。

『国学』一说最早出现在清朝末年。最早使用『国学』一词的人是中国学者邓实。他在光绪三十年（一九零七年）的《国粹学报》第二十七期撰文题为《国学精论》。这是目前可以查到的最早使用『国学』一词的文章。此后，一些研究中国传统文化的大师纷纷以『国学』一词概括自己钻研的学术，刘师培有《国学发微》、许地山有《国粹与国学》、章太炎有以《国学概论》定名的演讲录，钱穆更以《国学概论》为名讲学并出版著作。一时之间，学术界的『国学』成果蔚为壮观。从此，『国学』一词成为中国人对传统文化和传统学术的通称。

『国学』作为中国传统文化和传统学术的总和，其内涵和外延非常广泛。从中国古人结绳记事开始到象形文字的产生并发展至今日的语言学、文字学，从先民时期的巫术、占卜延续到后来《易经》的产生并传承至今，从旧石器时代发明工具到四大发明诞生以来至今的一切科技文明和自然科学成就，从远古时期人们最初的审美萌动到世代绵延发展的文学艺术，从孔子初创儒家学说到《四库全书》始定四部并传承至当代，从汉代的白马驮佛经到现在不同宗教的发端与世代沿革，从不同地域民族文化的交相辉映、彼此融合到最终形成民族学、民俗学，从原始部落征战到最终形成大一统江山而写下的国家时间与记录成为政治学和史学……这一切洋洋大观的历史材料和文化遗产，无所不包含于『国学』之内。

中国国学的丰富与深邃，是中华子民的骄傲；中国国学的传承，是中国人对本土文化的一次次创造、继承与坚守。

开宗明义

中国国学指的是中国本土创造的传统文化，国内各地域文化和五十六个民族的文化，都包括在『国学』范围之内。地域文化和民族文化以各自不同的表现形式，构成中国文化这一文化共同体。

『国学』的发展史囊括着中国几千年来思想文化的发展脉络，在当今中西文化交融、繁荣发展的新时代，了解『国学』、普及『国学』知识、传承复兴中国的『国学』文化，是历史和时代赋予中华子民的责任。

国学撷要

『国学』一词古已有之，在古代指的是国家学府。至明清以降，所谓『国学』，指的是与『西学』相对应的中国传统学术文化。

一般意义上讲，『国学』指以经、史、子、集为体系的中国传统文化，源于西学东渐的近代。主要由先秦诸子、儒道释三家思想构成，其中道儒两家贯穿并主导中国思想史，墨法两家辅助，其他列从属地位。到了当代，国学大师季羡林提出『大国学』概念，国内各地域文化和五十六个民族的文化，都包括在『国学』范围之内。地域文化和民族文化有各种不同的表现形式，共同构成中国文化这一文化共同体，为国学注入了新鲜血液，丰富了国学内涵，并扩大了其外延。

国学突出的核心价值是充满仁爱的人道主义精神，崇德重义，始终用伦理化的人文世界观立场看待世界和人生，彰显出具有中国特色的人文情怀，并追求『人』与『仁』同格的道德理想。在中国传统文化中，儒家思想的核心内容即为『仁者爱人』。《论语》一书，『仁』字出现七十余次，说明孔子对『仁』的重视。孟子提出『恻隐之心仁之端也，羞恶之心义之端也，辞让之心礼之端也，是非之心智之端也』，『仁义礼智』乃人之所固有之『四德』。再到西汉董仲舒提出『仁、义、礼、智、信』的道德主张，均体现出国学中所包含的人道主义情怀。

『中和』精神也是国学发展过程中一以贯之的主线。『中和』精神对中国人的思想观念、国民性格和行为方式都产生了深刻的影响。『中者，未动时恰好处，时中者，已动者恰好处』，其基本要求是中正不偏，恰如其分，适合时宜。『和』是指不同事物之间所达到的

和谐统一状态。《中庸》记载：『喜怒哀乐之未发，谓之中；发而皆中节，谓之和。中也者，天下之大本也；和也者，天下之达道也。致中和，天地位焉，万物育焉。』中和之道蕴涵着天地万物间的和谐，进而倡导人与自然、人与人之间的和谐关系。古语云：『礼之用，和为贵。先王之道，斯为美。』以中和之道作为人与人之间交往的准则，自然会实现社会秩序的有序和谐，乃至实现『万邦协和』的远大目标。

中华民族被称为礼仪之邦，『礼』在整个中华民族和社会政治中有着独特和重大的文化意义。『礼』的本意指维护社会秩序的礼仪制度和行为规范，其内容涉及行为礼节、典章制度、伦理道德以及政治思想等各个方面。孔子将『礼』纳入自己的思想体系，以『克己复礼为仁』，将『礼』作为自己的政治思想和社会伦理思想的核心内容。汉武帝『罢黜百家，独尊儒术』以后，随着儒家思想作为中国官方正统思想，『礼』一直是中国传统文化的突出特点，对整个中国文化的发展、国人的性格品质产生了广泛而深刻的影响。

在中西文化交融的的大背景下，一个国家的学术文化必然会在这种不断碰撞交流中吸收各种外来文化的优秀成果以丰富本民族的传统文化。面对新时代的要求，『国学』又体现出其自身所特有的时代特点，表现在其民族性、发展性和现代性等多方面。『国学』的民族性指『国学』以长期以来形成的中华民族传统文化为主体，能够明显区别于他国的文化，具有在世界范围内的独特性；其发展性指自先秦以来，『国学』所形成的一以贯之的思想系统，具有的极强生命力和持续影响力；其现代性是指『国学』在当代的指导意义和现代价值。

『国学』的发展史囊括着中国几千年来思想文化的发展脉络，在当今中西文化交融，繁荣发展的新时代，了解『国学』，普及『国学』知识，传承复兴中国的『国学』文化，是历史和时代赋予中华子民的责任。

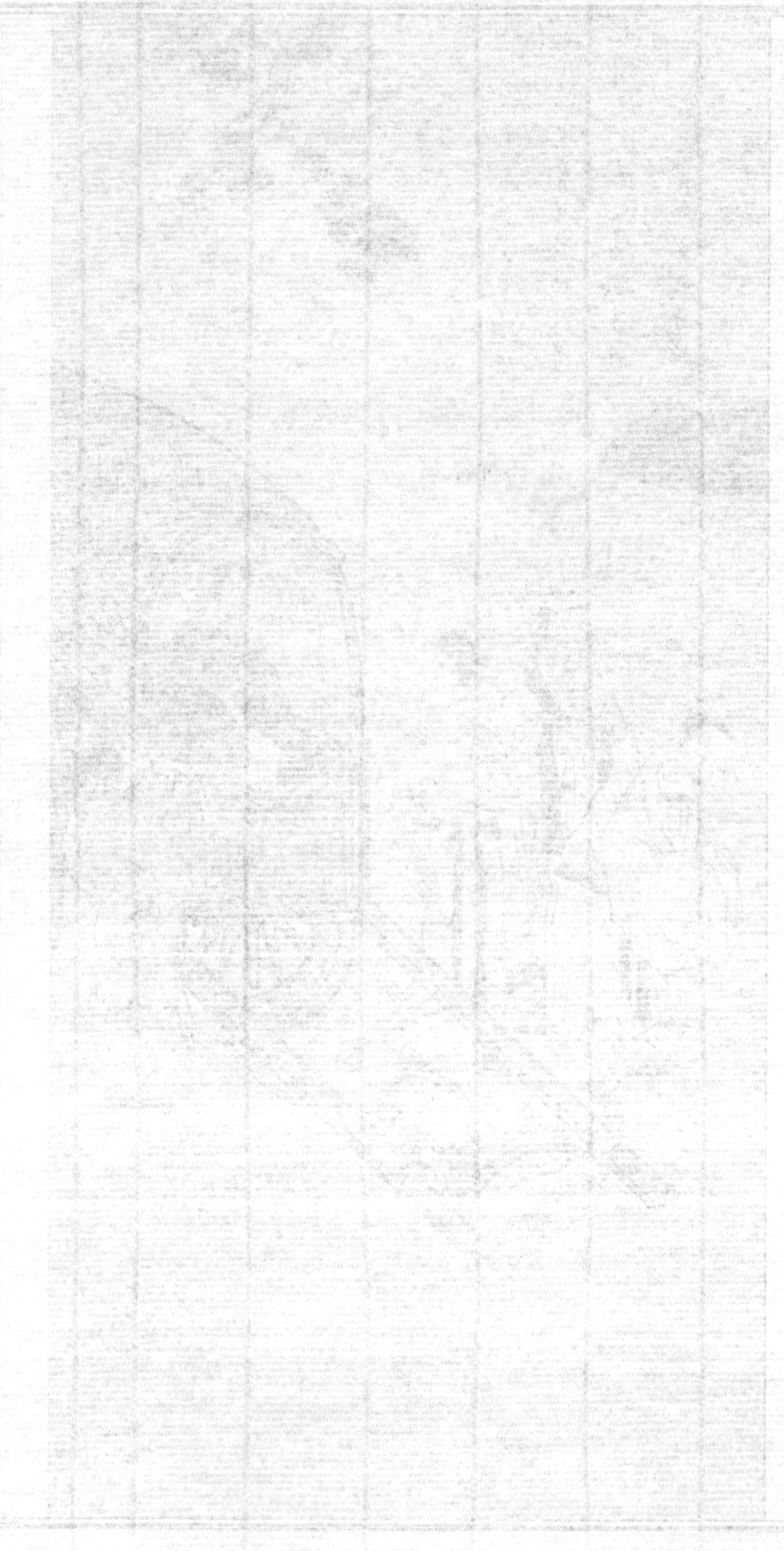

国学起源很早，至春秋时代发展起来。这时的学术思想，可以说是中华文明的黄金时代。诸子百家是对春秋战国时期各种学术派别的总称。诸子百家之流传中最为广泛的是儒家、道家、阴阳家、法家、名家、墨家、杂家、农家、小说家和纵横家。诸子百家的许多思想给后代留下了深刻的启示。

儒

儒家学派是由春秋末孔子创立，并以孔子为宗师，遵循尧舜之道，以周礼为典范，以六经为圣经，教化民众的学术流派。儒家学说简称儒学，以『仁』为思想核心，崇尚『礼乐』『仁义』，倡导『忠恕』，主张不偏不倚的『中庸』之道，在政治上主张实行『仁政』『德治』，重视伦理道德的教育。儒家学派是中国古代自汉代以来的主流意识流派，也是自汉以来在绝大多数的历史时期，作为中国的官方思想，在先秦诸子中对后世影响最为广泛和深远的一个学派。

春秋战国时期，儒家学派的主要代表人物为孔子、孟子、荀子。孔子作为儒家学派创始人提出『仁』，并将『仁』作为自己理想人格的根本。在以后的发展中，『仁』成为儒家思想的核心。孔子主张『礼』，礼即周礼，指一定社会的标准、要求、制度和规范，用来节制人们的行为，调和各种冲突矛盾，协调人际关系。人的行为必须在视、听、言、动各个方面全面地符合周礼。合乎礼，实行礼的过程，也是仁的道德体现。孔子死后，儒家分为子张之儒、子思之儒、颜氏之儒、孟氏之儒、漆雕氏之儒、仲良氏之儒、孙氏之儒和乐正氏之儒，共八派。它们之间的观点虽不相同，但都自认是代表孔子的儒家思想。从以后的历史发展来看，主要是孟子一派和荀子一派对后世影响最大。

孟子继承了孔子思想中的以『仁』为核心的道德学说，提出性善论，认为人生来就有『仁义礼智』四种善端。孟子从人具有『不忍人之心』出发，推出『斯有不忍人之政』，在政

治上主张施行仁政，并提出『民贵君轻』思想。荀子继承了孔子思想中以『礼』为核心的政治学说，提出了性恶论，并在政治上主张礼法互补，礼主刑辅，主张礼治，同时又看重法治。

西汉董仲舒吸收了道家、法家等有利于君主统治的成分，对儒学进行了改造，增加了『君权神授』和大一统思想，提出『罢黜百家，独尊儒术』，强调以儒家思想为国家的哲学根本，杜绝其他思想体系。汉武帝采纳了他的主张，从此儒学成为封建社会占统治地位的正统思想，研究四书五经的经学也成为了显学。

魏晋玄学以老庄思想解释儒家经典，代表人物有何晏、王弼和竹林七贤。何晏对《论语》的注疏和王弼对《老子》的解释，均有著作流传。

唐代韩愈提出道统之说，《原道》认为：『尧以是传之舜，舜以是传之禹，禹以是传之汤，汤以是传之文武周公，文武周公传之孔子，孔子传之孟轲。』韩愈认为这一派是儒家正统思想，并指出：『孟轲师子思，子思之学，盖出曾子。自孔子没，群弟子莫不有书，独孟轲氏之传得其宗。』韩愈用儒家『道统』学说来排斥佛教观点。

宋代理学是以儒家思想为基础，吸收佛教和道教思想形成的新儒学，主要代表人物有程颢、程颐、朱熹。朱熹是理学发展的集大成者，他在继承了二程思想的基础上，进一步完善和发展了客观唯心主义的理学体系，其核心内容为：『理』是宇宙万物的本源，是第一性的；『气』是构成宇宙万物的材料，是第二性的。朱熹认为，『理』表现在人的精神思想方面就叫做『性』，所谓天命之性专指『理』本身而言，但『理』表现在每一个具体的人方面，则与『气』不能相离，与『气』相杂的『理』，就成为气质之『性』。按照朱熹的说法，理是至善的，所以天命之性也是至善，气有清浊昏明的差别，所以气质之性有善有恶。天命之性加上气质之性，才形成了具体的人。朱熹还提出『存天理，灭人欲』，把『天理』和『人欲』对立起来，认为人欲是一切罪恶的根源。

明中叶的王阳明反对朱熹把『心』与『理』视为两种事物的观点，以《尚书》中的十六字心传，以『人心惟危，道心惟微，惟精惟一，允执厥中』为根据，创立与朱熹相对立的主观唯心主义理论，即为『心学』。

明清以来，西学东渐。一八四零年鸦片战争中国战败后，面对西学压力，清代儒家开明派提出『中学为体，西学为用』的改良主张。

近代以来，中国的落后致使人们对中国文化作出反思。一九一九年的新文化运动提出『反传统、反儒教、反文言』的思想文化革新和文学革命，提倡民主与科学，批判传统纯正的中国文化，支持白话文运动，主张以实用主义代替儒家学说。由于新文化运动提倡打倒『孔家店』，全盘否定了中国传统文化，导致了后来对国学的忽视，国学开始衰落。

但儒家思想在中国人价值观中的影响不可能彻底去除。改革开放以后，以儒家思想为主体的中华文化得到恢复与发展，越来越受到人们的重视。一九九九年，时任中共中央政治局常委、全国政协主席李瑞环在『纪念孔子诞辰二千五百五十周年大会暨国际儒学联合会第二届会员大会』上讲到：『两千多年来的历史充分证明，儒家学说可以为我们解决人类社会面临的问题提供有益的启示。我们要采取科学的态度，运用科学的方法，对儒家学说进

行挖掘、整理、总结、研究，取其精华，剔其糟粕，既不抱残守旧、照搬照抄，也不数典忘祖、全盘否定。』该讲话提出了对待儒学应有之态度。

儒家思想自孔子创立以来，经过历代学者的发扬和统治者的改造，逐渐形成完整的儒学思想体系，成为中国传统文化的主流。其博大精深的文化品格，对当今社会仍具有重要的现实意义。

儒家思想不仅对中国文化影响很深，而且在国际上有广泛的影响。早在公元一世纪，孔子儒家思想传入亚洲各地，先后在日本、朝鲜、越南等国产生了广泛的影响。到十七、十八世纪后，孔子及儒家思想又影响到欧洲。中国儒家思想是由利玛窦等耶稣会士最初传到欧洲的。利玛窦对孔子评价非常高，他认为：『中国哲学家中最有名的是孔子。这位博学的伟大人物，诞生于基督纪元前五五一年，享年七十余岁。他既以著作来授徒，又以自己的身教来激励他的人民追求道德。他的自制力和有节制的生活方式使他的同胞断言，他远比世界各国过去所有被认为是德高望重的人更为神圣。』在十八世纪，欧洲掀起一股『孔子热』，使儒家思想得以与意大利文艺复兴以来所形成的欧洲新思想相结合，最终成为启蒙思想的一个重要思想渊源。法国启蒙运动的领袖伏尔泰是中国儒学在欧洲最有力的鼓吹者，当时人们就尊称他为『欧洲的孔夫子』。程朱理学也成为德国哲学家莱布尼茨创立古典哲学的依据，并用以反对罗马教廷的启示神学。

儒家思想作为一种具有普遍性的世界观和人生观，被视为文明或文化的一个不可分割的组成部分，是属于全人类的文化遗产。

道家是中国春秋战国时期诸子百家中最重要的思想学派之一，其创始人为老子。战国时期，庄子继承了老子的思想，后人将二人并称『老庄』。道家思想以『道』为思想核心，主张自然无为，提倡与自然和谐相处。

关于『道』，《老子》书中有简明概括，他说：『有物混成，先天地生。寂兮寥兮，独立而不改，周行而不殆。可以为天下母。吾不知其名，字之曰道。强名之曰大。』『道』是混沌未分的原始物质，是客观存在的，是最原始的、永恒运动的物质实体。『道』具有『有』和『无』两种性质，『道』从一个方面看是『无』，这里所指的『无』，不是指一无所有的『零』『空无』，而是指『无名』『无形』，道不是具体的、有名有象的东西，是无形无象的，所以，『道』具有『无』的性质。『道』虽不具有具体事物的形象，但『道』原来就包含着形成各种各样的有形有象的东西的可能性，它是构成一切有形有象的东西的基础，所以『道』本来又是『有象』『有物』『有精』的，就这方面说，『道』又具有『有』的性质。关于『有』和『无』的相互依存的关系，老子举例做过详细的说明。老子认为，有了车毂中间的空间，才有了车子的作用；有了器皿中间的空虚之处，器皿才能够盛下东西；有了门窗四壁中间的空隙，屋子才能发挥作用。『有之以为利，无之以为用』，在老子看来，『无』比『有』更根本。从无形无象到有形有象的过程是：『道生一，一生二，二生三，三生万物。万物负阴而抱阳，冲气以为和。』道是万物的本源，是最原始的本体，道产生万物。此外，『道』不仅是物质的本源，还是物质运动的规律，如『天之道』『人之道』等等。

崇尚自然，倡导无为，这种自然无为的思想，是中国道家学说最主要的思想。自然无为的本质就是顺应自然的变化，使事物保持其天然的本性，不人为造作，达到『无为而无不为』。道家的自然无为思想，可以从两个层面进行理解。一是指遵循自然法则，即崇尚天道的自然无为。道生万物，但是不据为己有，推动了万物，而不自恃有功，长养了万物却不自以为主宰，一切只是遵循万物的自然法则。二是指在政治上要倡导无为而治。在道家看来，社会混乱的原因就是自然价值的失落，人的天性遭到破坏。在古老的社会，人们都有一颗天真淳朴的自然之心，后来遭到破坏才出现了仁义这些道德规范来解决社会问题。只有返璞归真，恢复人的质朴之心，倡导自然价值，才能解决社会问题。处于社会领导地位的统治者，要效法『道』的自然无为精神，尽量简化各种制度、规范，使百姓保持纯朴的民风，做到『治大国若烹小鲜』，让百姓自己从事生产，不去干预，无事，无欲，人民便会顺化，纯正，富足，纯朴。

『反者道之动』是道家学说所主张的朴素的辩证法思想。『反者道之动』是指事物都是向着它的相反的方向变去，物极必反，这是『道』运动的规律。万事万物的存在不是孤立的，而是相互依存的，『有无相生，难易相成，长短相形，高下相倾，声音相和，前后相随』，其运动变化是向着其相反的方向转化的。就好比植物的生长过程，植物的幼苗虽然柔弱，但它能从柔弱中成长壮大，相反，等到壮大了，也就接近了死亡。道家从这一原则出发，

主张贵柔和守雌，反对刚强和进取，『知其雄，守其雌』『知其荣，受其辱』，认为『柔弱胜刚强』。在这里需要指出的是，『柔弱胜刚强』并不是指『以柔克刚』，而是道家认为柔弱优于刚强，经常处于柔弱的地位，就会保持强大的生命力，就会拥有发展的空间，相反，如果处于刚强的地位，则不可避免地走向死亡的结局。所以，道家主张向柔弱的水的品质学习。老子说：『上善若水，水善利万物而不争』，水看起来是柔弱的，但它可以冲决一切比它坚硬的东西。由于水的不争，『故天下莫能与之争』。

道家思想起始于春秋末期的老子，但秦时期并没有道家这一名称，道家一词最早见于西汉历史学家司马谈的《论六家要旨》，当初也叫道德家。到了战国时期，道家形成三个派别，即杨朱派、黄老派和老庄派。杨朱派代表人物为杨朱、子华子；黄老派代表人物是慎到、田骈、环渊等；老庄派代表人物是老子、庄子、列子等。不同的学派之间思想重心不同，或偏于治国，或偏于修身。其中，尤以黄老派最盛，并通过百家争鸣对诸子产生了巨大影响。百家盛于战国，后来黄老派的道家思想独胜，在战国末期形成了『黄老独盛压倒百家』的局面。

秦始皇灭六国以后，采用法家思想治理国家，并在统一中国后不久焚书坑儒，使包括道家在内的诸子百家全部受挫。到了汉朝，由于长期战乱的破坏，国家需要休养生息，汉初统治者采用道家思想治国，主张黄老派思想，无为而治，黄老派再度成为显学。汉武帝时期，采纳儒家学者董仲舒的建议，实行『罢黜百家，独尊儒术』的政策，从此道家思想成为非主流思想。东汉末年，『黄老』一词与『神仙』崇拜这样的概念结合起来，道家思想成为道教的思想基础，道家学派的代表人物如老子、庄子，也成为了道教里的神灵。道家思想依托道教信仰继续存在，并在文艺、科技等方面继续发挥作用。但事实上，道家和道教有着根本的区别。道家思想是一种思想学派，而道教是一种宗教信仰；道家崇尚大道，主张道法自然，自然无为，而道教有一系列的宗教仪式与活动，追求的是长生不老，有道徒、有组织。

到了魏晋南北朝时期，玄学兴起，道家思想再次展现新的活力，对老庄思想进行了重新阐释，当时《周易》《老子》《庄子》被称为『三玄』。此后，老庄派成为道家正统，一直延续至今。宋朝以后，程朱理学兴起，独立的道家思想基本上不复存在。

道家在先秦各学派中，虽然没有儒家和墨家那么多的门徒，道家思想也未被官方采纳，其地位不如儒家崇高，但道家思想在中国古代思想的发展中也扮演着重要角色。佛教传入中国后，也受到了道家的影响，禅宗在诸多方面受到了庄子的启发，儒家宋明理学和阳明心学的形成过程，也曾受到过道家思想强烈的影响。随着历史的发展，道家思想以其独特的宇宙、社会和人生领悟，在哲学思想上呈现出永恒的价值与生命力，这些都是中华传统文化的宝贵财富。

春秋战国时期，诸子创说，百家争鸣，学术气氛空前活跃，涌现出了许多思想家和学术流派，墨家就是其中一个非常重要的学派。

相传墨子初学儒术，师承子张，但后来由于对儒家所提倡的繁文缛节、久丧厚葬有所不满，而自立新说，创立了墨家学派。《墨子》一书，集中代表了墨家学派的主要思想。墨家学派门徒很多，大多数来自社会的下层，他们不脱离生产劳动，一边生产，一边进行学术活动、政治活动。他们组成团体，集体行动，自称墨者，有严密的组织，组织形式为钜子制，墨子是第一任钜子。墨者有严明的纪律，必须服从钜子领导，听从指挥。

墨家学派承认鬼神的存在，具有浓厚的宗教色彩，但也崇尚科学精神，其所涉及的领域，除了注重生产生活的应用技术，还重视科学理论的研究。例如，墨家对力学、光学、声学进行研究。据说，墨子用木头削成的车轴，能承受六百斤的物体，指出力是物体加速运动的原因，即『力，刑之所以奋也』。小孔成像的原理也是墨子最早发现的，墨子提出的微分学原理也比西方早。墨子被西方科学界称为东方的德谟克利特。墨家的科学精神使中国科学研究和应用很早就展现了很高的智慧，对中国古代科学技术的发展产生了深远影响。

墨者以大禹为榜样，崇尚大禹的简朴刻苦精神，艰苦卓绝，英勇无畏，敢于奉献牺牲，主张『杀己以利天下』，为人们做好事，即使是牺牲个人性命也在所不惜。

墨子的思想共有十项主张：兼爱、非攻、尚贤、尚同、节用、节葬、非乐、天志、明鬼、非命。战国后期，墨家在继承墨子思想的基础上，发展了古代逻辑思想，对概念、判断、推理的研究都做出重大贡献，把中国古代逻辑学提高到更高的水平。

墨家认为，战国时期社会动乱的原因在于人与人之间相互憎恶，不能相爱，所以墨家提倡建立新的人际关系，即兼相爱，交相利。兼爱的涵义指普遍的、无条件的、无差别的爱，要求人们抛弃血缘、亲疏、远近和贵贱等级差别的观念，爱无差等，爱人如己。兼爱以『交相利』为基础，『爱』与『利』相结合。墨家所说的『利』不是指个人的私利，而是指『国家百姓人民之利』『天下之利』。如果人们都像爱自己的国家一样去爱其他国家，向爱自己的家人一样去爱别人的家人，像爱自己一样去爱别人，用墨子的话来说就是『视人之国若视其国，视人之家若视其家，视人之身若视其身』，就可以使自己的利益与天下人的利益合二为一，自然就可以实现父慈子孝，家庭和睦，国家安定的大治局面。墨家的兼爱思想，第一次提出了人人平等的观念，并注重实际效用，不停留在空泛的道义上，将义利统一起来，主张道德的行为必须要给人带来实际效果，兼爱是最大限度的满足国家、集体的利益，直接的爱人、利人，就是间接的爱自己、利己。不过，墨家这种兼爱的理想与现实相差太远，缺之可操作性，在实践上很难行得通，在当时的社会无法实现。

在兼爱原则基础上，面对春秋战国时期战争频繁、天下大乱的局面，墨家提出『非攻』的主张。墨家反对王公大人凭借武力，攻伐『无罪之国』，认为这种战争是最大的『不义』。历史上流传的止楚攻宋的故事，就是墨家『非攻』思想的具体实践。传说，当时的鲁国有一个能工巧匠，名叫公输班（鲁班），他在楚国为楚王造了一种攻城器械名为云梯，这种

梯子可以固定在车上，推到城墙下面，士兵靠着云梯爬上高高的城墙，这样攻城就很容易。楚王决定用云梯来攻打宋国。这时的墨子正在齐国，听到消息后，昼夜不停赶到楚国，力图阻止战争，并派他的学生赶到宋国，助其做好防御准备。墨子到楚国后，先见公输班，又见楚君，晓之以理，劝说楚君不要攻打宋国，后来又与公输班在楚国宫廷里进行模拟演习，解带为城，以牒为械。公输班攻，墨子守，公输班九设攻城之机变，墨子九次挫败了他的进攻。惧于墨子的高超智慧，以及数百墨家弟子在宋国严阵以待的现实，楚王最后放弃了攻打宋国的计划。墨家主张「非攻」，但并非无条件地反对一切战争，墨家的「非攻」只是反对不正义的侵略战争，有些征伐战争，如「汤伐桀」「武王伐纣」，墨家认为这类战争不是攻伐无罪，而是诛讨有罪。「诛」是顺天应人的战争。墨家「非攻」思想与兼爱原则相一致，也是墨家兼爱思想最集中最突出的具体要求。

墨家从治国安民的目的出发，提出了「尚贤」是「为政之本」的观点。墨家对于贤能人才的价值有着深刻认识，认为尚贤是管理国家的根本，并把国家「不得富而得贫，不得众而得寡，不得治而得乱」的原因，归结为「王公大人为政于国家者，不能以尚贤事能为政也」。认为国家贫弱混乱的原因就在于统治者不能任用贤能治理国家。墨子还列举了晋文公和齐桓公称霸的例子，来说明尚贤对国家治理的重要性。

晋文公重耳做国君之前在外国流亡十九年，回国后重用贤才，使得晋国安定富强，他自己则成为诸侯的盟主。齐桓公小白在做国君前也被迫出走，即位后重用管仲等贤才，使齐国日益兴旺，他也成为有名的春秋霸主。墨家「尚贤」的原则，是「不党父兄，不偏富贵，不嬖颜色」，任人唯贤，任人唯能，不论出身，不分贵贱。原来贫贱的人，只要贤能就可以推举出来做官，而没有才能的官吏，则应该降级或罢免。虽然是农夫工匠，只要贤能，就可以选举来当政，正所谓「虽在农与工肆之人，有能则举之，高予之爵，重予之禄，任之以事，断予之令……故官无常贵，而民无终贱，有能则举之，无能则下之」。墨家不避亲疏，不分贵贱，任人唯贤的主张，是对奴隶制世卿世禄制的直接打击。

尚同思想要求人们服从天子的思想意志，「上之所是，必皆是之，上之所非，比皆非之」，提出「上同而不下比的口号」，认为这样才能统一人们的思想，是非才有判断的标准，这一思想，在春秋战国之际，诸侯纷争割据的局面下，对维护国家政治的安定有一定的作用。

「节用」指提倡天子节约民力，主张节俭，反对奢侈。「节葬」是指反对厚葬久丧，这一思想可以视为墨家「节用」理念在丧仪方面的具体表现。「非乐」是指反对统治者玩弄音乐，认为音乐对百姓不利，王公大人制造乐器，必然会劳费民力，乐器制成了，演奏音乐的乐工不外是劳动人民，这些都有很大的害处。

「天志」「明鬼」是墨家的宗教思想。「非命」主要是反对儒家「死生有命，富贵在天」的「天命」思想，认为天下的治乱在于人事，而不在于天命。

墨家思想在先秦时期一直作为儒家的对立面而存在，曾为一时之「显学」，可是在秦统一中国以后，百家争鸣的局面消失，在文化上需要统一，墨家主张在一定程度上不利于统治者的统治，所以到了汉王朝建立后，许多学派得到了复兴的机会，但墨家思想几乎在历史舞台上消失，学术界称这一现象为「墨家中绝」。虽然从秦统一六国以后到清朝的两千多

年里，墨学进入最低潮时期，基本上处于停滞阶段，治墨者屈指可数，但墨家精神并没有失传。汉代以后的侠士是墨家「兼爱」精神的继承者，中国民间「四海之内皆兄弟」的平等互助的侠义精神，很大程度上是墨家精神的真传。中国歌颂侠义精神的诗歌和侠士小说，其精神源头莫不与墨家思想有着密切的联系。墨家思想在中国民间的社会底层流传着，对中国文化的影响之大，并不亚于儒学和道学。

法

和其他学派一样，法家也是先秦诸子百家中的一个重要学派。该学派最重视法律，并以人类社会不断发展的社会历史观和自私自利、好逸恶劳的人性论作为变法的理论依据，主张「法治」，明法重刑，通过农耕和战争达到富国强兵的目的，主张君主集权，并提出了治理国家的一整套理论和方法。

法家按发源地划分，可以分为齐法家和三晋法家。齐法家主要发源于山东齐国一带，其思想总括起来就是「兼重礼法」，一方面主张变法，强调法治的治道实效，在富国强兵的变法中确立兴政治、顺民心的治国法则；另一方面强调伦理道德在治国中的价值取向作用，树立礼义廉耻这样的共同价值观，对西周的礼乐宗法进行维护。总之，齐法家思想重视法治，同时也接受一定的道德教化。公元前四百零三年，韩赵魏三家分晋，韩赵魏三国统称为「三晋」。三晋法家指春秋战国时期形成于三晋的法家思想，其思想特征主要是重农抑商，以

法治国，强调严刑峻法，奖励耕战，完全否定礼乐教化。三晋法家的主要代表有战国前期的李悝、吴起，战国中期的商鞅、申不害、慎到和战国后期的李斯、韩非。三晋法家思想一直被认为是战国法家思想的主流和代表。

法家思想按理论上划分，可分为「法」「术」「势」三派。「法」指政权统一的标准，是公开的，其代表商鞅认为，政治制度和法令都是强国利民的工具，「法者所以爱民也，礼者所以便事也」。「术」是国君根据法控制官僚的手段。和法不同，术不是公开的而是隐蔽的，其代表申不害认为，为了巩固君主集权，防止大臣们篡夺，君主就要掌握驾驭群臣的办法，即「术」。「君操其本，臣操其末。君治其要，臣行其详」，这样君主就可以「操生杀之柄，课群臣之能」。「势」就是政权，是权力和威势。其代表慎到在论证势的重要性时说：「尧为匹夫不能治三人，而桀为天子能乱天下。吾以知势位之足恃而贤智之不足慕也。」他主张君主可以「握法处势」，「无为而治天下」。

战国后期，法家的集大成者韩非子，总结了商鞅、申不害和慎到三家的思想，提出了以法治为中心的法、术、势相结合的法治思想。韩非子出身于韩国的没落贵族，从小口吃，不善言谈，但他博学多能，思维敏捷，善于著述。他的著作流传到秦国，秦王嬴政看了他的著作，被其逼人的气势和丰富的内容所吸引，大加赞赏，对韩非推崇备至，仰慕以极，发出「嗟乎！寡人得见此人与之游，死不恨矣」的感叹，于是将韩非招到秦国，但是终因其为韩国人而未予以信任和重用。后来，韩非上书秦王嬴政先伐赵缓伐韩，遭到李斯和姚贾的陷害，获罪入狱，于公元前二三三年（秦王嬴政十四年）被迫自杀于狱中。

韩非思想可以说是法家思想之精粹，比前人的思想更加深刻。韩非认为，为巩固君主专制，『法』『术』『势』三者缺一不可，如果没有成文的统一的法令，就不能治民防奸，而只注重成文法令，君主没有掌握统治官吏的『术』，就不能防止大臣发展他们个人的势力，容易造成结党营私，『法』和『术』又都必须以『乘势』为前提，所谓『乘势』即是掌握政权，『法』和『术』必须为政权服务。韩非虽然没有来得及亲自推行自己的主张，但是他的思想后来基本上被秦王朝所采纳，为后来秦王嬴政『扫六合，成一统』打下了完备的思想基础。

和其他学派不同，法家认为人类社会不断进步，历史不断向前发展，反对『是古非今』的复古主义学说，主张锐意改革。法家将人类社会的发展分为上古、中古、近古三个历史阶段，并看到了人在历史中的作用，社会历史是不断发展的，不同的时代所要解决的问题是不同的，解决问题的方法也会随之变化，随着时代的更替，社会生活和政治制度都会随之发生变化，复古的主张行不通。商鞅曾明确提出『不法古，不循今』的主张，韩非更进一步发展了商鞅的思想，提出『时移而治不易者乱』，不能因循守旧，更不能复古倒退。法家的这种历史进化思想极具进步意义。

法家认为，人性是自私自利的，人天生就是好逸恶劳，趋利避害的，并举例说，商人日夜兼程，赶千里路也不会认为远，不会觉得辛苦，那是因为有利益吸引他们。渔人不怕危险，逆流航行，百里之远也不在意，也是因为在追求打渔的利益。人之常情是喜欢爵位俸禄而讨厌刑罚，这就为统治者进行规范和约束提供了可能。所以君主设置赏罚来迎合民众的志

向，设立民众想要的爵禄，那么百姓就会安定，国家就会稳固。法家以其进化发展的历史观和『好利恶害』的人性论作为理论依据，提出了一系列旨在富国强兵、维护君主集权的一整套治理国家的理论和方法。

法家思想主张『以法治国』。第一，在立法上不能违背天理，要符合自然和社会的基本规律，尽量考虑百姓的实际情况，设定法律的标准，要有具体的法律条文，不能提出一些太高的、笼统含糊的标准，最后使得法律成为一纸空文。法律要明白易懂，并具有一定稳定性，不能朝令夕改。第二，在法律的执行上，讲究『明法』，指法律要公开，要让百姓知晓，以便使百姓能够根据法律条文的标准进行行为的取舍，同时，也可以防止官吏徇私枉法。此外，在『明法』的基础上，做到『信赏必罚』，严格执法，树立法律的权威。成语『移木建信』就是根据商鞅『南门立木』的典故而形成的。公元前三百五十九年，商鞅立法欲以诚信富国强兵。商鞅在南门立了一块三丈高的木头，并对百姓说，如果有人把这块木头移到北门，奖赏十金。在当时社会信用匮乏，众人以为只是游戏一场，没有人当真。商鞅又把赏金提到五十金，有人抱着试试看的心理移木到北门，果然得到了赏金。从此，国家信用建立起来，同时商鞅也得到了人民的信任。后来，秦国政行令通，逐渐强大起来。第三，法家强调用严厉甚至残酷的手段来惩治罪犯，以刑去刑，主张重刑主义。重刑主义包含两方面的涵义：一是刑多赏少，就是法家所主张的治理天下的刑与赏的『二柄』中，要以刑为主，主要发挥刑的作用，在具体的比重中，商鞅认为应该是『九刑而赏一』；二是指重刑轻罪，就是说法家主张对轻微的小罪也施以很严厉的处罚，主张以刑去刑，以暴

制暴。第四，法家还提出了刑无等级，反对旧礼制『刑不上大夫』和儒家『尊尊』的主张，认为任何人违法犯罪，都要受到法律的制裁。商鞅在秦国变法过程中，太子的老师触犯了法律，太子为老师说情，希望商鞅能网开一面。但当时很多贵族和朝臣对商鞅变法十分不满，社会的信用也刚刚建立，商鞅为了新法能够得以实施，请示秦孝公，依法严厉地对太子的老师进行了公正的处置。后来的韩非子明确提出了『法不阿贵』的思想，主张『刑过不避大臣，赏善不遗匹夫』。法家这种思想初步体现了在法律面前人人平等的思想。

法家学派的法治思想在秦始皇统一六国、建立中央集权专制的封建国家过程中起了重大作用，并成为秦王朝的统治思想，其发展在秦朝达到鼎盛。但到了西汉时期，法家思想因为秦朝的亡于暴政而受到了西汉知识分子的普遍敌视，汉武帝采纳董仲舒的建议，实行『罢黜百家，独尊儒术』，独立的法家学派逐渐消失。但是，统治者在运用儒学治理国家的同时，也在暗中接受和采纳了法家理论的部分原则作为补充，德刑并用。同时，西汉的法家人物也不断对法家思想进行改造，并用『缘饰以儒术』的方式对法家思想进行包装，从而使法家思想更加符合当下集权政治的需要。儒法融合，在唐律中得以最佳体现，法家思想被吸收到儒学体系中。

法家思想的精髓具有极高的借鉴价值，值得深入研究。法家主张『法与事移』，结合当下的具体情况制定法律，必须维护法律的权威，严格执法。法家『法不阿贵』、刑无等级，在法律面前人人平等的思想，对于现代法治建设具有重要价值和意义。

兵

兵家是春秋战国时期『百家』中的重要学派，以研究作战、用兵为其主要宗旨，主要研究讨论的是战争哲学思想。兵家主要代表人物中，春秋末有孙武、司马穰苴，战国有孙膑、吴起、尉缭、魏无忌、白起；汉初有张良、韩信等。今存兵家著作有《黄帝阴符经》《六韬》《三略》《孙子兵法》《孙膑兵法》《司马法》《吴子》《尉缭子》《将苑》《百战奇略》《唐太宗李卫公问对》等。各家学说虽有不同，但都是对当时战争和治兵经验的总结，在先秦有广泛影响。

兵家是在春秋战国时期激烈动荡的社会变革中产生的。作为一个具有完整的思想系统的学派，其正式形成于春秋末期，主要以孙武为代表。《孙子兵法》是先秦兵家思想发展的第一个高峰，被世界公认为古代兵学经典，与克劳塞维茨的《战争论》并称为东西方兵学代表作。战国前期，百家争鸣，各派学者荟萃于齐国稷下学宫，对政治、经济、文化、军事展开大讨论。这一时期，兵家代表人物主要有吴起和孙武，他们根据当时争霸战争的现状和性质，不断地对战争的特点和规律进行总结，撰写出兵家著作，吴起的《吴子》与孙膑的《孙膑兵法》都是传世名作。值此，兵家思想的发展赢来了第二个发展的高峰。到战国后期，经过长时间的争霸与兼并，战争的形式主要是统一战争，其规模和频率更高，带来的破坏也更大，《尉缭子》的成书，正是兵家对这一时期军事思想战略的总结。秦统一中国以后，百家争鸣的现象消失，思想自由受到了一定的限制，兵家和其他诸子百家一样逐

渐遭到遗弃和排斥，其作为一个学术流派所具有的独特的思想体系、观点和方法逐渐消失。

对于兵家的流派，《汉书·艺文志》有清楚的分类：『汉兴，张良、韩信序次兵法凡百八十二家，删取要用，定著三十五家。诸吕用事而盗取之。武帝时军政杨仆捃摭遗逸，纪奏兵录，犹未能备。至于孝成，命任宏论次兵书为四种。』这『四种』就是『兵阴阳家』『兵技巧家』『兵权谋家』和『兵形势家』。

『兵权谋家』擅长运用军事谋略料敌制胜，其特点是『以正守国，以奇用兵，先计而后战，兼形势，包阴阳，用技巧者也』。权谋派兵法注重军事战略研究，是对当时战争和治兵经验的总结，并融合其他三派思想，包含了一系列战略战术原则和丰富的军事辩证法思想以及治兵作战的哲理，是兵家思想的核心所在。

『兵形势家』主要是注重战术研究，探讨军事行动的运动性和战术运用的灵活性，其特点为『雷动风举，后发而先至，离合背乡，变化无常，以轻疾制敌者也』。孙庞斗智慧的典故，就是这一派军事思想的实际运用。孙指孙膑，战国时齐国人，大军事家孙武的后代。庞指庞涓，战国时期魏国人，担任魏国大将。孙膑和庞涓同拜鬼谷子先生为师学习兵法。庞涓妒忌孙膑的才能，设计陷害孙膑，使孙膑获罪，被剜掉双腿膝盖骨，成了残废。庞涓还以巧言蒙蔽，欲骗孙膑所学兵书。幸亏童仆实情相告，孙膑佯装疯癫，保全性命。后得齐使搭救，侥幸逃到齐国，并做了齐国军师，行军时坐在有篷帐的车里，协助大将田忌作战。桂陵之战中，『围魏救赵』的战术不仅解救了赵国的危机，而且大败庞涓军队，使其元气大伤，削弱了魏国的实力。马陵战役中，孙膑采用减灶诱敌，第一天的炉灶数足够十万人吃饭用，第二天的炉灶数减少至五万人吃饭用，第三天的炉灶数只够三万人吃饭用，使得庞涓放松警惕，并最终丧命于马陵道。自此，魏国再也无力扩张，战国进入秦齐并霸阶段。

『兵阴阳家』是指以阴阳五行论兵，且杂以鬼神助战之说，将天文、气象、地理等知识运用在军事上，研究天时、地理条件与战争的关系，寻找最有利的作战时机和地点。《汉书·艺文志》描述道：『阴阳者，顺时而发，推刑德，随斗击，因五胜，假鬼神以为助者也。』

『兵技巧家』以兵器和技巧为主要内容，注重对士兵的培养，打造精锐部队，同时注重军事装备，将士兵的体质训练和器械兵器的使用相结合，加强军队的战阵演练，实战配合等等。吴起是这一派的主要代表。吴起在魏国训练的『魏武卒』堪称天下无敌，凡能身着全副甲胄，执十二石之弩，背负五十支箭，荷戈带剑，携三日口粮，在半日内跑完百里者，即可入选为『武卒』。根据《吴子·励士》里的记载，周安王十三年（公元前三八九年），吴起以五万魏军，击败了十倍于己的秦军，创造了五万人、兼车百乘、骑三千匹而战胜秦国五十万众的阴晋之战，为中国战争史上以少胜多的著名战役。

『慎战』是兵家的核心战争观。兵家思想是对战争和治兵经验的总结，他们不否定战争，认为战争在国家事务中占有重要地位和作用。但兵家明确指出，战争并不能解决一切问题，反对穷兵黩武。兵家认为：『兵者，国之大事。死生之地，存亡之道，不可不察也。』战争与国家命运，人民的生死是紧密联系的，对战争一定要采取谨慎的态度，切不可盲目出战，一旦出战，就要做到有备无患，正所谓『用兵之法，无恃其不来，恃吾有以待之；无恃其不攻，恃吾有所不可攻也』。

综合兵家的战略战术思想，首先，兵家主张『不战而屈人之兵』，追求以最小的代价取得最大的胜利。其次，兵家主张『知彼知己』，战争的胜利是建立在对敌我双方透彻了解的基础上的，在不了解敌情的时候，不可轻易与其作战。《谋攻》篇曰：『知彼知己，百战不殆。不知彼而知己，一胜一负。不知彼不知己，每战必殆。』只有充分了解敌我双方的情况，才能做到出其不意，攻其无备。最后，兵家讲究战争应该速战速决，在最短的时间里，取得最大的胜利，实现战争的目标。《作战》篇云：『故兵闻拙速，未睹巧之久也。夫兵久而国利者，未之有也……故兵贵胜，不贵久。』作战讲究出奇制胜，做到『乘人之不及，由不虞之道，攻其所不戒也』。

关于治军思想，兵家主张『令之以文，齐之以物』。一方面用政治道义教育士卒，使军令能够得以认真贯彻执行，养成士卒服从的习惯，建立将帅与士卒之间的信任；另一方面，用军纪来统一步调，做到赏罚分明，军纪严肃。此外，兵家也十分重视将帅的选拔和士卒的训练。将帅是战争的指挥者和作战过程的谋划者，其地位举足轻重，兵家对将帅提出了『智、信、仁、勇、严』的五德要求，身为将帅，『其威、德、仁、勇，必足以率下安众，怖敌决疑。施令而下不敢犯，所在而寇不敢敌』。士卒的素质对于战争的胜利有着至关重要的关系，军队的强弱不在数量，而在质量，加强对士卒的训练和阵法的演习。同时，要求将帅与士卒关系要和谐，即『将帅者心也，群下者，支节也』。『将之所麾，莫不从移；将之所指，莫不前死』，只有将士同心同德，才能保证军队的战斗力，取得战争的胜利。

先秦兵家思想是中国古代灿烂思想文化的重要组成部分，其思想不仅在军事领域得到广泛运用，而且在政治、经济、外交、体育等各个领域得到广泛应用。人们在古人的深邃的思想中获取启迪并将其不断发展，又为兵家思想注入了新鲜的血液。

百家争鸣

『百家争鸣』是中国历史上第一次思想解放运动，是中国学术文化思想道德文化发展史上的重要阶段，对当时和后来社会历史的发展起了巨大的推动作用。百家争鸣时期所形成的各家学说，不仅丰富了中国思想文化的内容，其自身也是中华文明思想理论体系的骨架，奠定了中国文化的基础，而且对后世中国人的心理、观念、习惯、行为方式也产生了巨大影响，形成了中华民族独具的文化传统。

春秋战国时期，社会生产力有了显著提高，尤其是铁器的普遍使用，使很多荒地得到开垦，水利工程也得以修建，同时带动了手工业、商业的繁荣和城镇的兴盛。各诸侯国的实力不断壮大，周王室衰微，传统的社会秩序遭到破坏。各诸侯国之间互相兼并争霸，将主要精力用于政治、经济、军事方面的改革。在思想文化领域则出现了宽松自由的社会环境，使各家学者能够自由地四处奔走，宣传自己的思想主张。

处于大变革时期的中国社会，产生了各种思想流派，他们著书立说，广收门徒，高谈阔论，互相辩难，于是出现了一个在思想领域各流派之间争芳斗艳的局面，史称『百家争鸣』。所谓『百家』是指对春秋战国时期各种学术派别的总称，其中流传最广的是儒家、道家、阴阳家、法家、名家、墨家、杂家、农家、小说家、纵横家，共十家。后来，人们把小说家以外的九家称为『九流』，于是就有了『十家九流』的俗称。

在这一时期，出现了一个代表中国社会文化发展水平并具有推动社会文明进程的阶层——『士』。

西周时期，『学在官府』，学校完全由官府控制，官府的官吏是学校的老师，各种各样的学问都要向官府有关主管的官吏学习，比如要学习法律，就要求教于司徒之官，而且只有王公贵族的子弟才有资格进入学校学习，一般人是不能掌握文化知识的。但随着周平王东迁，天子的地位衰微，出现了『礼坏乐崩』的形势。一些流落到民间的没落贵族，由于失去了经济来源，便不得不自食其力。于是，这些受过良好教育的没落贵族便把所掌握的知识作为了自己谋生的手段。同时，各诸侯、大夫们的家臣，多半才华横溢，能善谋略，这

两部分人构成了『士』这一阶层中的最主要的学术力量。他们或为生存或为推广学问，在民间传授以前只有入官学才能学到的知识。另外，随着『学在官府』局面的打破，出现了『天子失官，官学在四夷』的学术下移的局面。私人办学蓬勃兴起，教育相对普及，使原来没有学习权力和接受教育的人也加入了知识分子的行列，比如孔子创办的私学，提倡『有教无类』，只要学生送给他一串腊肉作为学费，就可以入学学习，极大地壮大了受教育者的范围。孔子弟子三千，其中『身通六艺』的就有七十二位。这些人因学有所长，从之前全无学术地位而晋身为『士』。在民间传播知识的学者队伍的扩大，使『士』阶层的成分更加丰富也更加复杂。『士』这一阶层，大多博学多能，有着广泛社会联系和很大社会影响，他们一方面广收门徒，著书立说，另一方面又积极活跃于各国的政治舞台，极大地促进了这一时期各学派的形成和百家争鸣格局的出现。

由于『士』的出仕，各诸侯国『养士』和礼贤下士的风气非常兴盛，进一步促进了百家争鸣。各诸侯国为了富国强兵，在争斗中取得霸主地位，除了在政治、经济、军事等方面加强自己的实力外，还需要知识分子为自己出谋划策。于是『养士』之风盛行。战国时期，燕昭王『拥慧先驱』，建筑『碣石宫』，尊礼贤才，魏文侯『师卜子夏，友田子方，礼段子木』，在他们周围聚集了一大批知识分子，对国家的强大起了很重要的作用。还有齐国，自齐桓公开始，就在国都临淄的西门外设稷下学宫，招揽各派学者前来著书立说，议论政治。其中最著名的养士贵族便是『战国四君子』，即齐国的孟尝君田文，赵国的平原君赵胜，楚国的春申君黄歇和魏国的信陵君无忌，四人养士多达千人，他们都『明智而忠信，宽厚而爱人，尊贤而重士』，在社会上影响极大。特别是魏国的信陵君，『仁而下士』，搜求隐士无所不到，『士以此方数千里争往归之』。另外，除了『养士』以外，战国诸侯对『士』往往采取宽容的政策，允许学术自由。以齐国为例，齐国虽崇尚黄老之学，但不主于一家，各家各派的学者并不排挤打击，而是采取『不治而议论』的方针，对各家的学术兼容并蓄，允许各家学者『合者留，不合者去』。《淮南子·氾论训》说：『百家殊业，兼务于治。』百家学说，各有所长，各有偏重，各诸侯国可以从多方面去总结政治得失，使其政权更加巩固。在『百家争鸣』过程中，诸子都从自己的立场出发，提出救世的主张，不同派别之间互相批评，互相责难，进行激烈的争论。

儒墨之争作为百家争鸣的第一环节，拉开了百家争鸣的序幕。墨子是第一个公开批判孔子和儒家的人，孔子和儒家也是墨家的第一个公开反对者。墨子曾经师从儒家，后来因反感儒家的厚葬久丧，繁文缛节，走上了非儒的道路，自立门派，创立墨家。《墨子》一书中记载了许多儒墨之争的故事。比如《墨子·耕柱》中记载了巫马子和墨子之间的一段对话。巫马子对墨子说：『你行义事，没看到有人赞成你、帮助你，也没看到鬼神来保佑你、赐福你，但你坚持着做，这是精神失常。』墨子问：『假如你有两个仆人，一个看见你来了就做事，没看见你就不做事；另一个，看见你来了也做事，没看见你来也做事，你觉得哪个好？』巫马子答：『我喜欢那个看见我也做事，没看见我也做事的。』墨子说：『如此说来，你也是喜欢精神失常的人了。』在《墨子·公孟》也有相关的记载，公孟子认为『君子共己以待』，即问到他就说，不问他就不说，好像钟一样，敲击它就响，不敲就不响。

墨子批评公孟子，他指出，如果国家将发生灾难，好像弩机将要发射一样急迫，如果把君子比喻成钟，即使不敲也会发出声音。但是现在不是这样紧张的时刻，也没有人敲击，你这口『钟』怎么响了？这恐怕不是君子该有的行为吧？墨子对儒家的批判，言辞非常犀利，从儒家学说中找到漏洞，然后『以子之矛，攻子之盾』。面对墨家的抨击，儒家学者也予以了回击。孟子对墨家的兼爱思想进行批评，他认为『杨氏为我，是无君也。墨氏兼爱，是无父也。无父无君，是禽兽也』。

儒墨之争为百家争鸣奠定了极好的学术自由的基础。到了战国中后期，各家学派纷纷涌现，百家争鸣进入鼎盛时期，各家学者以齐国的稷下学宫为中心，针对当时的政治、军事、思想等问题，各抒己见，著书立说。除儒墨之争外，还有儒道之争、儒法之争等等。总之，诸子百家在互相批评、互相诘难的过程中共同进步，使中国古代文化呈现出群星灿烂、盛况空前的局面，是中国古代史上光辉的一页。

在百家争鸣的过程中，各家还相互影响、相互吸收，这一特点在稷下学宫表现得十分明显。稷下黄老之学以道家流派作为哲学基础，在政治上吸收法家流派的法治思想，以『道』为主体，具有道、法相互影响的特点。『事督乎法，法出乎权，权出乎道』，『道』与『法』是紧密联系的。《尹文子》中也记载『万事皆归于一，百度皆准于法』，『一』即是指『道』。儒法相互影响在荀子身上得到集中体现。荀子继承了孔子思想中以『礼』为核心的政治学说，又进一步对儒家的『礼』进行了改造，在政治主张上加进了『法』的内容，礼法互补，礼主刑辅。荀子说：『隆礼尊贤而王，重法爱民而霸』，在主张礼治的同时又看重法治。《吕氏春秋》中包含的德、礼、法、术、孝、义的学术思想，『兼儒、墨，合名、法』，使『诸子百家』融合在一起，也是百家合流的一个重要体现。

春秋战国时期的『百家争鸣』是中国历史上第一次思想解放运动，是中国学术文化、思想道德文化发展史上的重要阶段，对当时和后来社会历史的发展起了巨大的推动作用。百家争鸣时期所形成的各家学说，不仅丰富了中国思想文化的内容，其自身也是中华文明思想理论体系的骨架，奠定了中国文化的基础，而且对后世中国人的心理、观念、习惯、行为方式产生了巨大影响，形成了中华民族独具的文化传统。

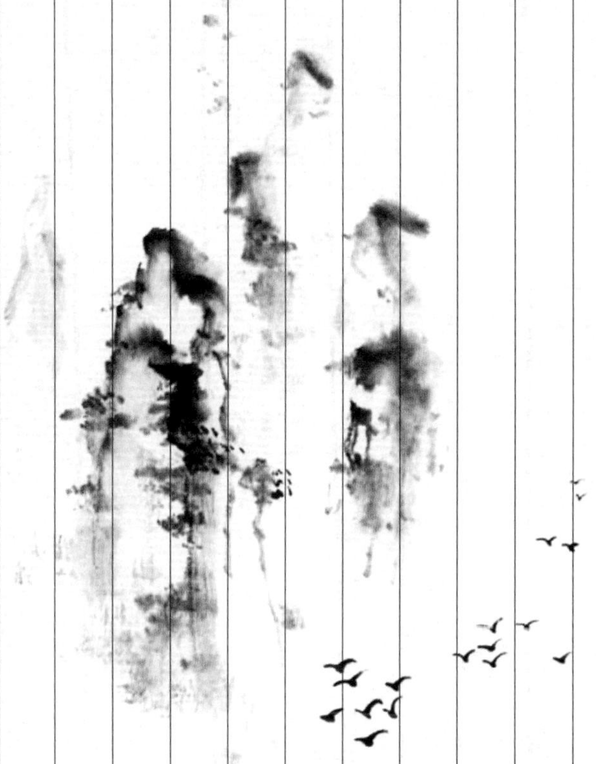

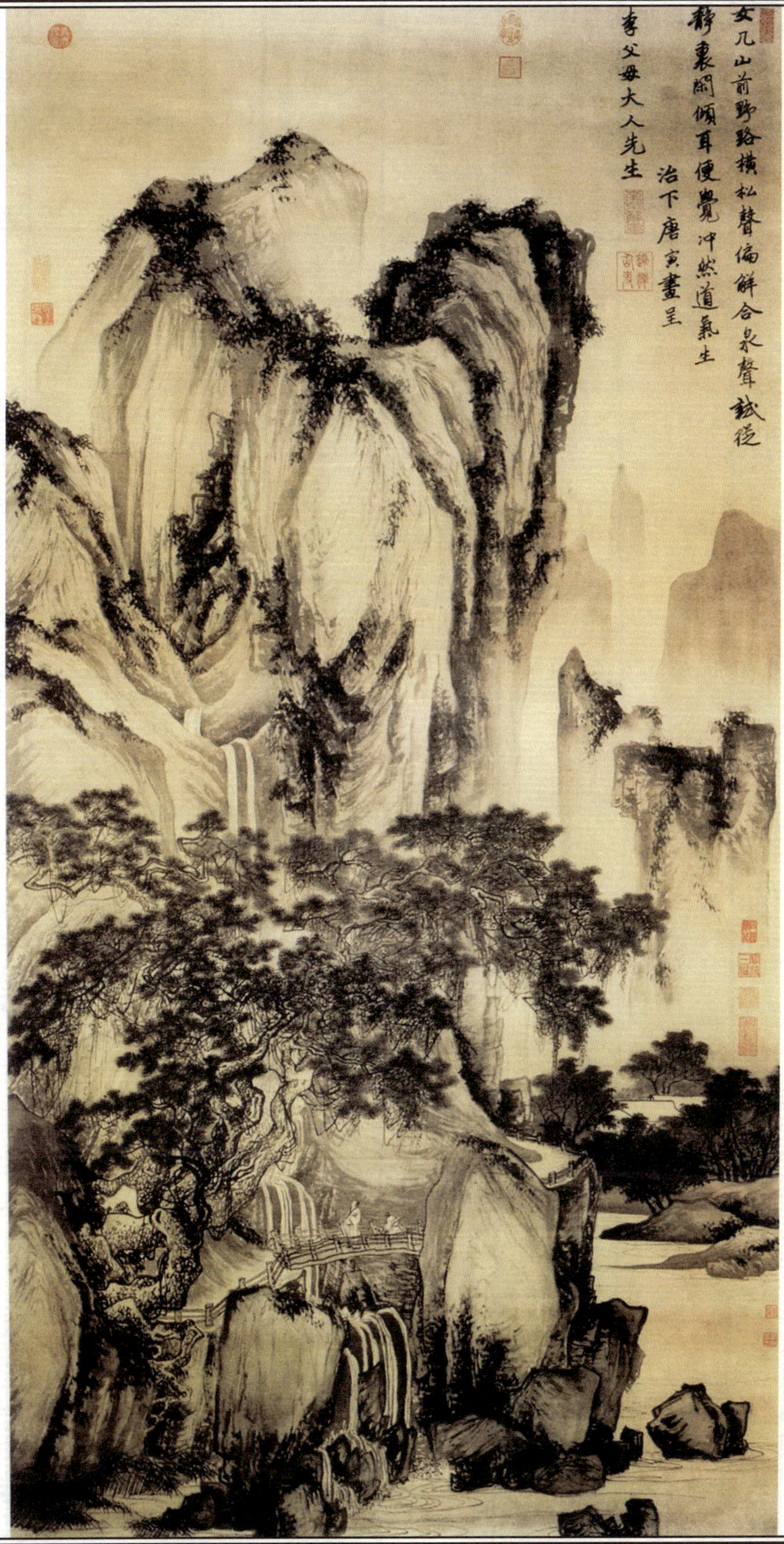

章节·贰

四部之全

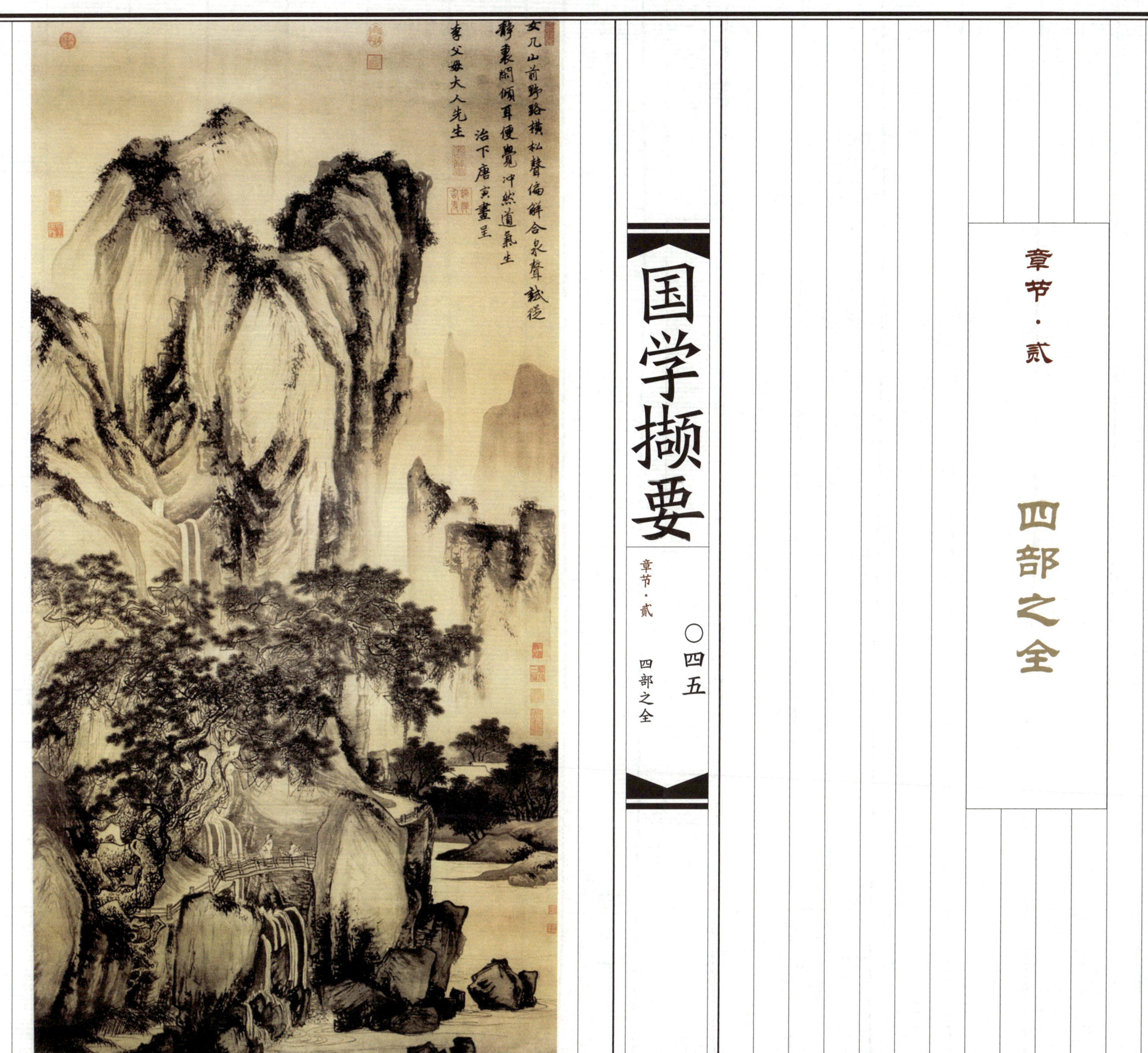

收录古籍三千五百零三种、七万九千三百三十七卷，装订成三万六千余册，内容包括四部四十四类六十六属，编纂时间历时七年……《四库全书》堪称中国国学的集大成之作，也是世界上少见的由官方编辑修订的本土文化集成。

《四库全书》几乎囊括了清代中期以前传世的经典文献，是对中国有文字记载以来所存文献的最大集结与总汇，其规模亘古未有。在其编修过程中，挖掘和保存了中国历代许多接近失传的典籍，并校正典籍中的讹误脱漏，为后世留下了宝贵的文化遗产。仅从抄录和辑佚《永乐大典》中的孤本书籍一点来看，「四库」馆臣先后共从《永乐大典》中辑得失传文献五百余种，其中三百八十余种收入《全书》，一百二十余种列为《存目》。至今，在《四库全书》历经战乱留下的诸多篇章，仍是中国人回望和探究历史文化的珍贵材料。

中国国学在世界范围内是一门博大精深的本土化学术创造。《四库全书》以经、史、子、集划分为四部，涵盖了今人所操文、史、哲、理、工、医等诸多学科发端与血脉，几乎所有的学科都能从中吸取营养，仅从对图书分类的严谨、精微、科学，即世界罕见。《四库全书总目》的分类标准和部别原则，充分体现了中国古典文献传承的科学体系。乾嘉以后，凡编纂书目者，无不遵循其制度，至今仍如此。同时，《四库全书》开创了多层次的古籍编撰和保存工程，多种用于民间文化普及和流通的珍本秘籍，成为国之瑰宝，也为无数收藏家所追捧。而专为保存《四库全书》而建造的南北七座藏书阁，更成为后世图书馆藏和现代图书馆学的肇始。自藏《四库全书》起，中国大力倡导藏书文化，体

现了传统文化的尊严和价值。

历代中国学者『究天人之际』『通古今之变』『聚原典』『存信史』，无不以四部为本。

四库为本

从《四库全书》修成至今已二百余年，堪称中华传统文化最丰富、最完备的集成之作。中国文、史、哲、理、工、医等几乎所有的学科都能够从中找到其源头和血脉，几乎所有关于中国的新兴学科都能从这里找到生存发展的泥土和营养。从那时开始，《四库全书》作为国家正统、民族根基的象征，已成为中国乃至东方读书人安身立命、梦寐以求的圭臬和后代王朝维系统治宏扬大业的『传国之宝』。

清乾隆三十七年（一七七二年）开始编纂《四库全书》，经十年编成。《四库全书》是中国古代最大的一部官修书，也是中国古代最大的一部丛书。全书分经、史、子、集四部，故名四库。据文津阁藏本，该书共收录古籍三千五百零三种、七万九千三百三十七卷、装订成三万六千余册，保存了丰富的文献资料。

『四库』之名源于初唐，初唐官方藏书分为经、史、子、集四个书库，号称『四部库书』，或『四库之书』。经、史、子、集四分法是古代图书分类的主要方法，基本上囊括了古代所有图书，故称『全书』。清代乾隆（一七一一年—一七九九年）初年，学者周永年提出『儒藏说』，主张把儒家著作集中在一起，供人借阅。此说得到社会的广泛响应，这是编纂《四库全书》的社会基础。

清乾隆三十七年（一七七二年）十一月，安徽学政朱筠提出《永乐大典》的辑佚问题，得到乾隆皇帝的认可。乾隆皇帝诏令将所辑佚书与『各省所采及武英殿所有官刻诸书』汇编在一起，名曰《四库全书》。这样，由《永乐大典》的辑佚引出了编纂《四库全书》的浩大工程，成为编纂《四库全书》的直接原因。

《四库全书》的编纂过程极其浩大，分为四步完成。

第一步是征集图书。此项工作从乾隆三十七年（一七七二年）开始，至乾隆四十三年（一七七八年）结束，历时七年之久。地方政府大力协助，全国藏书家积极响应，共征集图书一万二千二百三十七种。

第二步是整理图书。乾隆皇帝为了存放《四库全书》而效仿著名藏书楼『天一阁』建造了

南北七阁。清乾隆四十六年（一七八一年）十二月，第一部《四库全书》抄写完毕并装潢进呈。接着又用了将近三年的时间，抄完第二、三、四部，分贮文渊阁、文溯阁、文源阁、文津阁珍藏，即『北四阁』。从清乾隆四十七年（一七八二年）七月到乾隆五十二年（一七八七年）又抄了三部，分贮江南文宗阁、文汇阁和文澜阁珍藏，即『南三阁』。每部《四库全书》装订为三万六千三百册，六千七百五十二函。七阁之书都钤有玺印，如文渊阁藏本册首钤『文渊阁宝』朱文方印，卷尾钤『乾隆御览之宝』朱文方印。

《四库全书》底本的来源，主要有内府藏书、清廷官修书、从各地征集的图书以及从《永乐大典》中辑出的佚书。

朝廷专门设有『四库馆臣』一职，对以上各书提出应抄、应刻、应存的具体意见。应抄之书是认为合格的著作，可以抄入《四库全书》；应刻之书是认为最好的著作，不仅抄入《四库全书》，还应另行刻印，以广流传；应存之书是认为不合格的著作，不能抄入《四库全书》，而在《四库全书总目》中仅存其名，列入存目，这类著作共有六千七百九十三种、九万三千五百五十一卷，比收入《四库全书》的著作多出将近一倍。对于应抄、应刻的著作，要比较同书异本的差异，选择较好的本子作为底本，一种图书一旦定为四库底本，还要进行一系列加工。流传至今的飞签、眉批就是加工的产物。飞签也叫夹签，是分校官改正错字、书写初审意见的纸条。这种纸条往往贴于卷内，送呈纂修官复审。纂修官认可者，可用朱笔径改原文，否则不作改动。然后送呈总纂官三审，总纂官经过分析之后，可以不同意纂修官的复审意见，而采用分校官的初审意见。三审之后，送呈御览。

第三步是抄写底本。抄写人员初由保举而来，后发现这种方法有行贿、受贿等弊病，又改为考察。在需要增加抄写人员时，先出告示，应征者报名后令当场写字数行，品其字迹端正与否，择优录取。考察法虽比保举法优越，但也有不便之处，因此最后又改为从乡试落第生徒中挑选，择其试卷字迹匀净者予以录用。这样，先后选拔了三千八百二十六人担任抄写工作，保证了抄写《四库全书》的需要。由于措施得力，赏罚分明，《四库全书》的抄写工作进展顺利。

第四步是校订。这是最后一道关键性工序。为了保证校订工作的顺利进行，四库全书馆制定了《功过处分条例》，一书经分校、复校两关之后，再经总裁抽阅，最后装潢进呈。分校、复校、总裁等各司其职，对于保证《四库全书》的质量确实起了重要作用。

《四库全书》的内容十分丰富。按照内容分类，包括四部四十四类六十六属。

在编纂《四库全书》的过程中，还编了《四库全书总目》《四库全书荟要》《四库全书简明目录》《四库全书考证》《武英殿聚珍版丛书》等，这几种书可以看作编纂《四库全书》的副产品。《四库全书荟要》是《四库全书》的精华，收书四百七十三种、一万九千九百三十一卷；《四库全书考证》一百卷是四库馆臣对应抄、应刻各书校勘字句的记录汇编，对于校订古籍有较高的参考价值；《武英殿聚珍版丛书》是用木活字印成的，它包括《四库全书》中一百三十八种『应刻』之书。该丛书在刻印四种之后，主持人金简通过比较，认为木活字花钱少，实用价值高，改为木活字印刷出版。金简把木活字印刷过程写成《钦定武英殿聚珍版程式》一书，并收入《四库全书》，它是古代印刷史上的重要

文献，已被译成德文、英文等流传世界。

《四库全书》之所以能够编纂成功，有赖于当时安定的社会环境。修书期间正当康乾盛世，天下无事，没有战争的干扰。四库馆臣坐在书案之前，一坐就是十年，没有后顾之忧。从《四库全书》的酝酿到修成，乾隆弘历始终参与其事，并由他精心策划。从征书、选择底本，到抄书、校书，乾隆都一一过问，亲自安排。《四库全书》卷帙浩繁，所需经费难以数计，清廷一概包揽下来。朝廷还建立了组织严密的四库全书馆，其最高职务是总裁和副总裁，由郡王、大学士以及六部尚书、侍郎兼任，负责总理馆内一切事务，下设纂修处、缮书处和监造处。纂修处负责校理勘定全部书籍，并兼任缮书处缮写书籍的分校工作；缮书处负责全书的缮写及校勘事宜；监造处负责武英殿刊刻、印刷、装订、整理书籍事宜。四库馆臣总计三百六十人，因故革职、身死除名、调用它任者，不在此数。更重要的，四库全书馆堪称人才之宝库，集中了大量优秀人才，其中不少人是破格录用的，如邵晋涵、余集、周永年、戴震、杨昌霖等人，入馆前不仅不是翰林，戴震、杨昌霖等连进士都不是，仅是举人。人才云集为编纂《四库全书》创造了更加有利的条件。

《四库全书》完成后的二百年间，中国历经动乱，《四库全书》也同样饱经沧桑，多份抄本在战火中被毁。其中，文源阁本在一八六零年英法联军攻占北京火烧圆明园时被焚毁，文宗、文汇阁本在太平天国运动期间被毁。杭州文澜阁藏书楼一八六一年在太平军第二次攻占杭州时倒塌，所藏《四库全书》散落民间，后由藏书家丁氏兄弟收拾、整理、补钞，才抢救回原书的四分之一，于一八八一年再度存放入修复后的文澜阁。文澜阁本在民国时期又有一次大规模修补，目前大部分内容已经恢复。因此，《四库全书》今天只存三套半，其中文渊阁本原藏北京故宫，后经上海、南京转运至台湾，现藏台北故宫博物院，是保存较完好的一部。文溯阁本一九二二年险些被卖给日本人，现藏甘肃省图书馆。避暑山庄文津阁本于二十世纪五十年代由政府下令调拨到中国国家图书馆，这是目前唯一一套原架原函原书保存的版本。而残缺的文澜阁本则藏于浙江省图书馆。

民国初期，商务印书馆影印了《四库全书珍本初集》，台湾商务印书馆影印出版了文渊阁本《四库全书》，上海古籍出版社曾将之缩印。一九九九年香港的迪志文化出版有限公司分别与上海人民出版社以及香港中文大学在中国大陆及香港出版发行文渊阁本《四库全书》电子版。

《四库全书》堪称中华传统文化最丰富、最完备的集成之作。中国文、史、哲、理、工、医等几乎所有学科都能够从中找到其源头和血脉，几乎所有关于中国的新兴学科都能从这里找到生存发展的泥土和营养。《四库全书》作为国家正统、民族根基的象征，已成为中国乃至东方读书人安身立命梦寐以求的圭臬和后代王朝维系统治宏扬大业的『传国之宝』。

四部之经部，收录儒家『十三经』及相关著作，包括易类、书类、诗类、礼类、春秋类、孝经类、五经总义类、四书类、乐类、小学类等十个大类，其中礼类又分周礼、仪礼、礼记、三礼总义、通礼、杂礼书六属，小学类又分训诂、字书、韵书三属。

『经』的意思来源于织布，纵线为经，横线为纬。布需要纵线即经把横线串联起来才能结实紧密，因此经起到十分重要的作用。后来，经引申为具有典范性、权威性的著作，是经久不衰的万世之作，经过历史选择出来的『最有价值的』典籍。

《四库全书》经部收录了儒家的经典及小学方面的书，包括易类、书类、诗类、礼类、春秋类、孝经类、五经总义类、四书类、乐类、小学类等十个大类，小学类又分训诂、字书、韵书三属。经部，是儒家文化的基本著作，十三种儒家文献取得『经』的地位，则经过了一个相当长的时期。

传说始祖伏羲观察天地，依循天地万物创造了八卦，后人推演出六十四卦。当时君主就根据卦象来裁定国家大事，最后形成了《易经》。古人很注重对历史，尤其是君王事迹的记载，以昭定是非，并设置『左史』和『右史』两职，『左史』记载君主的言行，汇集成了《尚书》；『右史』记载君主的行动，汇集成了《春秋》。舜、禹以后，各朝都派采诗官到民间采集民谣陈述给君主，使君主能及时了解民间疾苦，《诗经》发轫于此。传说在黄帝时，有人发明六律五音。此后，每当改朝换代，胜利者都要用音乐来表示自己的成功，《乐经》逐渐形成。随着阶级社会的出现，君主为显示自己的权威，神化自己，制定礼仪，尧舜时就有『天、地、人』三礼，和『吉、凶、军、宾、嘉』五礼，到后来逐渐演变成《礼》。但此时的《六经》混乱无序，还没有编定成统一标准。到西周时，周文王推演了《易》，周公旦损益了《礼》，经过统治者的删定，《六经》有了统一的范式。西周整个社会推崇包括《春秋》《易经》《礼》《乐》《诗》《书》在内的《六经》，后四者成为学校的教

科书，《六经》被诸侯奉为圭臬，形成很大潮流。东周时期，研究《六经》的人非常多，并非只有孔子一家。《六经》因此繁芜起来。

在钻研和发展《六经》的人中，孔子为佼佼者。孔子非常好学，从鲁国史官处学习《易》《春秋》，向老子请教《礼》，向苌弘问寻《乐》，而《诗》是他的家传。孔子渴求他的学说能被君主采纳，但周游列国十四年不得志，郁闷之下返回鲁国，开设私塾传授子弟，同时删定《六经》。他追溯夏商周的礼法，以时间顺序，记录了从尧舜时候直到秦穆公的礼；统合音律，使《雅》《颂》各得其所。那时的《诗》大概有三千多篇，孔子萃选出三百一十篇。晚年的孔子非常喜欢《周易》，乃至于韦编三绝，作《十翼》来补充《周易》。孔子以鲁国为编年，上至鲁隐公，下至鲁哀公十四年，编定了《春秋》。孔子编定的《六经》，最主要的特点是微言大义，以一字定褒贬，如吴国、楚国的君主自称为王，而在《春秋》中，孔子贬他们为『子』，使君王与学者并驾；另一个特点是实行『为尊者讳，为亲者讳，为贤者讳』的原则。总的来说，《六经》或是孔子讲课的教科书，或是孔子的讲义。《易经》是讲哲理的讲义，《诗经》是唱歌的课本，《书经》是国文的课本，《春秋》是本国近世史的课本，《礼经》是修身的课本，《乐经》是唱歌课本以及体操的模范。

孔子去世后，『七十二贤人』及后来成名的荀子和孟子积极广泛地传播儒学，在民间形成了极大的影响。但在战乱纷争的时局下，儒学的『仁』始终无法让官方采纳。秦始皇统一六国后，为防止妖言以惑众，下令焚书。在民间，《六经》中只有《易经》以巫卜之书的名义延续下来，而其他五经皆都焚烧。项羽进入秦都后，火烧咸阳，大火三个月不灭，秦朝国家图书馆的藏书也全部付之一炬。至此，除了《易经》之外，其他五经全部被焚烧，而最可悲的是《乐经》彻底地从人们的脑海中抹掉了，至今亡佚。

幸好汉朝很快地建立起来，使脑海里存有经书的儒生得以活到一个政治氛围轻松的时代。在汉文帝和汉景帝时期，除硕果仅存的《易经》之外的经书得以恢复，但恢复《乐经》未能如愿，同时，『文景之治』时设置《诗》博士。汉武帝时，国力强盛，武帝也年轻气盛，整个帝国国富力强。为了建立大一统的统治思想体系，汉武帝青睐于儒学，罢黜其他学说博士，设置五经（即诗、书、礼、易、春秋）博士，儒学应运成为官学，与利禄挂钩，进入经学的昌明极盛时代。

两汉时期发生了激烈的今古文之争。原来，经过秦朝的焚书和秦末的战争，书籍大量散失。汉朝建立后，政治环境较为宽松，经书的整理和统合都是经过老儒生的口头表述、誊写的过程。经书的文字是用隶书来书写的，通过这种形式得到的经书称为今文经。这时，用籀文（秦前的文字）书写的经书也相继被发现。其中，最典型的例子是，武帝末年，鲁共王刘余从墙的夹缝中发现用籀文写的经书。由于经书的散佚，经学的版本不同，最重要的立意的不同，引发了激烈的今古文之争。这种争论直到郑玄的出现，才出现了『经学的小一统』。

郑玄，山东高密人，少时家贫，志在经学，冷视仕途，为家人所讥讽，离家出走，独自游学于四方。经过长期刻苦努力，最终成为一代大家。当时最负盛名的经学家马融说：『吾与汝，皆弗如也。』而正值郑玄激扬文字之时，却横遭党锢之祸，他闭门潜学，开课讲学。

应了『祸兮福之所倚』的说法，这一时期却成为他的学术大成时期和学术成就最为辉煌的时刻。郑玄精通古今文，融汇了各派学说，对两汉以来的古今经学做了全面的改造，他为五经所做的注成为经典性的文本，成为所有学者规范。此后，今古经学之争逐渐平息。随着经学在社会上的地位越来越重要，且逐渐与利禄挂钩，研究经学成为社会的潮流。除五经之外，一些解释、补充的经学典籍，成为人们不可或缺的工具书，也逐渐融入到『经』的行列中来。《左氏春秋传》《公羊传》《谷梁传》是用来解释《春秋》的，它们是研究《春秋》必不可少的书目；《周礼》是记载秦以前百官的职守和礼仪的书；《礼记》各篇大都是解释《仪礼》的『记』，有的篇目释解《仪礼》，有的篇目补充《仪礼》，是附属于《仪礼》的参考资料性质的书，《礼记》和《仪礼》为统治者所重视，尤其是郑玄做《三礼注》后，逐渐被拉上了经的地位。在唐初，最终确立了他们『经』的地位，得到官方的认可。《论语》是记载孔子言行的书籍，所以也附于经书之中。《孝经》是后世论孝道的人，依托孔子而成的，它也得到统治者的重视，成为经的一部分。《尔雅》为解释《五经》的字典，是研究五经不可或缺的部分。唐文宗时，将《十二经》立为官方经学，并刻成定本供全国儒生学习。《孟子》能提到『经』的地位多亏了朱熹老先生。朱熹取《礼记》中的《大学》《中庸》《论语》和《孟子》作为『四书』，把《孟子》提到『经』的地位，《孟子》也就立于『经』之列。

至此，包括《易》《书》《诗》《周礼》《仪礼》《礼记》《春秋左传》《春秋公羊传》《春秋谷梁传》《论语》《孝经》《尔雅》《孟子》在内的《十三经》最终确立。到清乾

隆时，刻十三经于石上，立成太学。从此，《十三经》成为不可分割的部分，《四库全书》中的经部也以《十三经》为主。经部巨著在学术史上占有很高的地位，具有重要的学术思想和文献价值。

四部之史部收录史书，包括正史类、编年类、纪事本末类、杂史类、别史类、诏令奏议类、传记类、史钞类、载记类、时令类、地理类、职官类、政书类、目录类、史评类等十五个大类。

『史』之一字，蕴义丰富。甲骨文中，『史』字原为手拿简册之形，但史官起初并不是专门记载历史的，而首先是负责主持祭祀和占卜，专为国王操办和神的交流活动的，同时记录历史，保管文献。

自人类诞生，每个国家和民族都慢慢形成自己的历史，而中华文化之源远流长，有赖历史的记载与传承。《四库全书》中的『史部』分为『正史、编年、纪事本末、别史、杂史、诏令奏议、传记、史钞、载记、时令、地理、职官、政书、目录、史评』等十五类，记载了历史上的兴废治乱、各种人物以及历史沿革等。

中国的史书卷帙浩繁，种类很多，大致可以分为正史、杂史、别史、野史、稗史五种。『正史』记载帝王政绩、王朝历史、人物传记和经济、军事、文化、地理等多方面情况的史书。如，通常所说的由《史记》《汉书》《后汉书》《三国志》《晋书》《宋书》《南齐书》《梁书》《陈书》《魏书》《北齐书》《周书》《隋书》《南史》《北史》《旧唐书》《新唐书》《旧五代史》《新五代史》《宋史》《辽史》《金史》《元史》《明史》组成的《二十四史》，除少数是个人著述外，大部分正史均为官修。『杂史』只记载一件事的始末，一个时代的见闻或一个家族的私人记载，是带有典故性质的史书。『别史』主要指编年体、纪传体之外，杂记历代或一代历史的史书，有时与杂史较难区分。『野史』不同于官方撰写的正史，而是私家编写的史书。『稗史』通常指记载街头风俗、民间琐事及旧闻之类的史籍。

史书的体例大致分为纪传体、编年体、纪事本末体、通史、断代史和专史。纪传体史书开始于西汉司马迁的《史记》，它以人物传记为中心，用『本纪』记录帝王活动；用『世家』

记叙王侯封国和特殊人物；用『表』串联年代、世系及人物；用『书』或『志』记载典章制度；用『列传』记人物、民族及外国。每朝每代修订史书的时候都以此为参考。编年体史书以年月为时间顺序、以事实为空间顺序编写。纪事本末体创始于南宋袁枢的《通鉴纪事本末》，这种体裁的特点是以历史事件为主要纲领，重要史事分别列出书目，每一篇是独立的，各篇又按年、月、日顺序编写。通史则连贯地记叙各个时代的历史，如记载了上自传说中的黄帝，下至汉武帝时代历时三千多年历史的《史记》，也可称为通史。记载一个朝代历史的史书称为断代史，创始于东汉班固的《汉书》。《二十四史》中除《史记》外，其余都属断代史。记载各种专门学科历史的史书称专史，如经济史、思想史、文学史等。在中国历史发展中，有浩如烟海的史学经典传世。

先秦时期，先民创造了灿烂的文化，同时口耳相授，传颂着一些故事，可以说是历史的源泉。商代或商代以前已有文字，可用以记录。商代出现了史官。今天保存在《尚书》中的，即商周时代的历史文献。

《春秋》是中国传世最早的一部编年体史书。它原是鲁国的国史，全书一万八千余字，记载了公元前七二二年到公元前四八一年的历史，出自鲁国史官之手，经过孔子的整理。《春秋》文字简练，二百四十二年间诸侯战争、会盟、篡位及祭祀、灾异礼俗等，都有记载。它所记鲁国十二代的世次年代，完全正确，所载日食与西方学者所写《蚀经》比较，互相符合的有三十多次，说明《春秋》具有真实性。『春秋』也是史书的统称和这段历史的称谓。而后又出现了一些叙述春秋战国时期史事的典籍，风格不同，各有特色。如与《公羊传》、《谷梁传》合称『春秋三传』的《左传》是一部叙事详细的编年体史书。关于《左传》的作者，司马迁和班固的著作中都证明是左丘明，作为对《春秋》的注疏，记载了周王室和诸侯争霸的历史，涉及当时各社会阶层的状况，代表了先秦史学的最高成就。《左传》对后世的影响首先体现在历史学方面。它不仅发展了《春秋》的编年体，并引录保存了当时流行的一部分应用文，给后世应用写作的发展提供了借鉴，同时在中国的文学界也有极高的艺术价值。

其他还有国别断代史性质的《国语》《战国策》，记载山川地理的有神话传说《山海经》以及抒发哲学思想、政见和史观的诸子百家之书等等。

秦汉时期出现了司马迁的《史记》与班固的《汉书》两部史学巨著。西汉的司马迁提出了『究天人之际，通古今之变，成一家之言』的史学主旨，所著《史记》一百三十卷、五十二万余字，记事起于传说时期的黄帝，迄于汉武帝刘彻，时间跨越三千余年，开创了综合本纪、表、书、世家、列传等于一书的纪传体通史体例。此后两千多年的史书多沿用『本纪』和『列传』。不仅如此，《史记》叙事条理清晰，语言生动形象，富有极高的文学价值。东汉班固所编写的《汉书》一百卷，八十万字，『文赡而事详』，仅记述西汉一代史事，开创了纪传体断代史的先例。断代为史始于班固，以后列朝的所谓『正史』都沿袭《汉书》的体裁。《汉书》在中国文学史上的地位也很突出。它写社会各阶层人物都以『实录』精神，平实中见生动，堪称后世传记文学的典范。

继《史记》《汉书》之后，汉唐之际产生了不少纪传体史书，其中有《三国志》《后汉书》

等名著。

《三国志》全书一共六十五卷，其中，《魏书》三十卷，《蜀书》十五卷，《吴书》二十卷。《三国志》名为志，其实无志。魏志有本纪、列传，蜀、吴二志只有列传。《三国志》的作者为陈寿，是晋朝朝臣，晋承魏而得天下，所以《三国志》尊魏为正统。《三国志·魏书》为曹操、曹丕、曹睿分别写了武帝纪、文帝纪、明帝纪，而《三国志·蜀书》则记刘备、刘禅为先主传、后主传。《三国志·吴书》记孙权称吴主传，记孙亮、孙休、孙皓为三嗣主传。书中均只有传，没有纪。《三国志》位列中国古代二十四史记载时间顺序第四位，与《史记》《汉书》《后汉书》并称前四史。《三国志》不仅是一部史学巨著，更是一部文学巨著。陈寿在尊重史实的基础上，以简练、优美的语言绘制了一幅幅三国人物肖像图，人物塑造得非常生动，可读性极高。

《后汉书》由中国南朝刘宋时期的历史学家范晔编撰，是一部记载东汉历史的纪传体史书。《后汉书》全书主要记述了上起东汉的汉光武帝（二五年），下至汉献帝（二二零年），共一百九十五年的史实。范晔是第一位在纪传体史书中专为妇女作传的史学家。尤为可贵的是，《列女传》所收集的十七位杰出女性，除中国人尊崇的贞女节妇外，还包括并不符合封建礼教道德标准的才女蔡琰。

唐初百年内有八史问世，其中官修的正史有《晋书》《梁书》《陈书》《周书》《北齐书》和《隋书》；私人修成的有《南史》和《北史》。从此，纪传体史书代代续修，其体例也大致定型。

唐代史学理论家刘知几所著《史通》，全书内容主要评论史书体例与编撰方法，以及论述史籍源流与前人修史之得失。包括的范围十分广泛，基本上可以概括为史学理论和史学批评两大类。史学理论指有关史学体例、编纂方法以及史官制度的论述；史学批评则包括评论史事、研讨史籍得失、考订史事正误异同等。它主张直书，反对曲笔；主张一家独断，反对官府垄断；主张实事求是，反对附会臆说。这些都是比之前进步的史学思想。《史通》对中国古代史学作出了全面的总结，提出了较为系统的史学理论，成为唐代以前我国史论的集大成。

自司马迁提出「通古今之变」以后，中唐时期，开始出现了这种旨在「通变」「致用」的通史：杜佑的《通典》，郑樵的《通志》，马端临的《文献通考》，还有司马光的《资治通鉴》。它们是这个时期通史和史学的代表作。其中最为重要者，则是司马光主编的《资治通鉴》。

《资治通鉴》二百九十四卷，自战国初年叙至五代末年，是一部编年体通史。司马光邀请刘恕、刘攽、范祖禹等参加编写，分工明确。他们先作目录，继成长编，又就史料互相歧异的问题作了考异，最后修撰定稿。全书体例严谨，取材审慎，内容翔实，文字简洁。《资治通鉴》的内容以政治、军事和民族关系为主，兼及经济、文化和历史人物评价，目的是通过对事关国家盛衰、民族兴亡的统治阶级政策的描述警示后人。《资治通鉴》是一部编年体的通史，按时间先后叙述史事，往往用追叙和终言的手法，说明史事的前因后果，容易使人得到系统而明晰的印象。它的内容以政治、军事的史实为主，借以展示历代君臣治

乱、成败、安危之迹，作为历史的借鉴。叙述了各族人民的生活与斗争。它是中国第一部编年体通史，在中国官修史书中占有极重要的地位。

唐宋以来，契丹、女真、蒙古等族曾先后进入中原，建立了辽、金、元等王朝，关于他们的历史有《辽史》《金史》《契丹国志》《大金国志》《元朝秘史》《元史》等著作。

明代前期和中期，撰史、考史和论史几方面的成就都不及唐宋。明末清初，社会动乱，史学反而出现活力。李贽主张经史相为表里，以史经世，反对脱离现实而空言义理，对史学上有一定贡献。以后黄宗羲、顾炎武、王夫之等明确提出了经世致用的治史方针，要从历史研究中寻找社会历史发展的前途，总结解决社会矛盾的办法。

清朝统治者强化封建专制，笼络知识分子，大量地编书和修史，为其统治服务。《明史》是二十四史中的最后一部，是一部纪传体史书，由清朝的张廷玉等奉命编撰，记载了从明太祖洪武元年（一三六八年）到明思宗崇祯十七年（一六四四年）共二百七十七年的明朝历史。清人认为《明史》是二十四史中的后几部史书中比较严谨的一部。其卷数在二十四史中仅次于《宋史》，但其修纂时间之久，用力之勤却大大超过了以前诸史。《宋史》修成之后，得到后代史家的好评，认为它超越了宋、辽、金、元诸史。至于近代史学，则是另一新的篇章了。

历史之用有二，其一记载过去，其二启发未来。历史是民族的足迹和文明的记忆，中国是世界四大文明古国中唯一没有历史断层的文明古国，这些浩如烟海的史籍功不可没。跨越历史长河，放眼世界文化，这些史书也是中外交流和中国进一步向世界开放的重要桥梁。

中华民族上下五千年的文明绵延不绝，自成一系，并终将汇入世界历史的大洪流。而中国人的历史，也是世界的历史。

子领诸家

四部之子部收录诸子百家著作和类书，包括儒家类、兵家类、法家类、农家类、医家类、天文算法类、术数类、艺术类、谱录类、杂家类、类书类、小说家类、释家类、道家类等十四大类。

在古代，『子』是对男子的美称，凡是有道德、有学问、有爵位的人，都可以称其为『子』。在古代，由于书写材料难寻，文字难以学习，只有上层人士才能掌握文化，文化的流传也只能通过家传。随着文化世家的局面逐渐形成，『子』也就成为对某家学说最有影响人物的尊称。《四库全书》子部则汇集了各家学说及其著作。《四库全书》中『子类』分为十四类，分别是儒家、兵家、法家、农家、医家、天文算法、术数、艺术、谱录、杂家、类书、小说家、释家和道家十四种。其中，兵家是兵法之学，法家为刑名之学，名家研究名实之分，道家遵循黄老之说……

诸子的著作是对道有很多认识、又表现自己志趣的书。古人认为，人首先要树立德行，其次是著书立说。老百姓们群集居住，在纷杂的人群中难以显露出名；有教养的君子立身处世，所怕的是声名德行不能彰明昭著。只有才华出众之人，才能文章留世，声名传布，如同日月高悬。从前黄帝的臣子风后、力牧，商汤的臣子伊尹，都是这一类大贤之人。风后、力牧、伊尹等人的作品，大概是上古遗留下来的话语，经战国时记述成篇。到了后来鬻熊通晓道，周文王向他请教，传下来的文辞事迹，经记录下来，成为《鬻子》这部著作。『子』的名目就是从此开始的。及至春秋时代，老聃精通礼仪，孔子知道后便去访问请教，于是作了《道德经》，成为百家中的开端。这样说来，鬻熊是周文王的朋友，李耳是孔子的老师，在圣人和贤者同一时代的时候，他们的著作已经分成经书和子书不同的流派了。

平王东迁之后，周天子的权威一落千丈，诸侯间兼并的局势越演越烈，社会进入大变革时期。各派学说应时弊而起，竞相激辩，他们著书立说，成一家之言，孔子、墨子、老子、

孙子等诸子竞相登场，形成了『百家争鸣』的局面。

到了战国，凭借武力征伐，豪俊杰出的人才纷纷涌现。孟轲尊崇儒家学说；庄周阐述道家学说；墨翟执行勤俭刻苦的生活教义；尹文子考核名和实是否相互符合；农家主张治理国家要强调地利；驺子主张养治国政要结合自然变化；申不害、商鞅主张用刑名法术来治理国家；鬼谷子主张以口舌辩论建立勋业；尸佼则总括各种学术学说；青史子琐细的连缀引起各种街谈巷议……诸子百家继承他们的流派，像枝条附着于主干上一样，多得数不清，都是飞扬雄辩、纵横驰骋地发挥各自的学术，满足于饱食俸禄而又能留下光荣的名声。到了暴虐的秦始皇焚书，仿佛要以这把大火焚毁中华之州，然而这火并没有殃及诸子的著作。到了西汉成帝关心古籍，令刘向整理校对，于是总括群书的《七略》便出现了，『十家九流』的著作像鱼鳞一样汇集在一起，编订的书目共有一百八十余家。到了魏晋时代，作者轮替出现，虚妄不可信的话兼而存之，琐碎语言也必记录，又形成了各流派学术纷纭复杂的壮观局面。

此后，刘歆开创性地把周秦以来诸子所有的书籍定名为《诸子略》，班固沿袭其法，『子』成为这一类书籍的总称。

虽然著作积累得很多，但是它们的内容也并非难以掌握，其阐述道理和议论治理国事，都是『五经』的旁枝。其中，道理纯正的便符合『五经』的规矩，道理错杂的便违背『五经』的法度。《礼记·月令》篇是从《吕氏春秋·十二月纪》首章里借来的，《礼记·三年问》篇，写在《荀子·礼论》的后半篇之中，这些就是属于合乎『五经』的一类作品。也有一些不合乎五经的论述，渐渐淡出了学术领域。至于一些泥沙俱下的偏门作品，逐渐遭到淘汰。然而，历朝历代知识丰富的人抓住流传下来的诸子百家著作的纲领，欣赏它的华彩而嚼食它的果实，抛弃其中的邪说，采纳其中的正论。

《孟子》《荀子》的论述，理论精美而文辞雅丽；《管子》《晏子》的文篇，事实可靠，语言精练；《列子》的论述，气魄宏伟而辞采奇丽；《邹子》内容奢夸而文辞有力；《墨子》和《随巢子》，意义深远而语言朴质；《尸子》和《尉缭子》，道理通畅但是文辞拙钝；《鹖冠子》屡屡发出含义深刻的言论；《鬼谷子》玄虚渺远，含义深奥；语言简练而精当，是《文子》的特长；文辞简约而说理精当，《尹文子》掌握了这一要领；《慎子》巧于分析理论细密；《韩非子》寓言比喻丰富；《吕氏春秋》鉴识深远而文体周密；《淮南子》内容广泛而文辞瑰丽。上述这些典籍不仅是几千年来后世人所探究得到的诸子百家的精华，而且是诸子文辞风格的大略特点。

及至李唐时期，开始确立『经』『史』『子』『集』四类。纪昀在编纂《四库全书》时因袭不变。《四库全书》子部涵纳的体系非常广泛，涉及社会各个方面。如人民日常生活的农家、医家、天文算法等，社会娱乐的艺术、小说家，宗教问题的释家与道家等，汇集了中国古代文明和思想智慧的结晶。

集成英华

四部之集部收录诗文词曲总集和专集等，包括楚辞、别集、总集、诗文评、词曲等五个大类，其中词曲类又分词集、词选、词话、词谱词韵、南北曲五属。除了章回小说、戏剧著作之外，以上门类基本上包括了社会上流布的各种图书。

历代文章往往杂集各种学说，各种文体，如诗、赋、碑、箴、颂等。而经、史、子部专门述录一家学说，这些学说之间是不相混杂的。在编辑丛书、类书时，面临着这些书如何编排的问题，因此『集』部应运而生。

《四库全书》集部包括楚辞、别集、总集、诗文评、词曲等五个大类，其中词曲类又分词集、词选、词话、词谱词韵、南北曲五属。除了章回小说、戏剧著作之外，以上门类基本上包括了社会上流布的各种图书，堪称在文学艺术上的集大成。

汉代刘歆编排群书，汇成《七略》。在《七略》当中有《辑略》。这里，『辑』与『集』同，是各书的总括，集的名目滥觞于此。晋代的挚虞创立《文章流别》，当时学者觉得很方便，于是汇聚古人的作品，形成文集。魏晋时期，荀勗设立甲、乙、丙、丁四部来编排文献，他把『诗』『赋』『图赞』和『汲冢』都归丁部。南朝齐王俭作《七略》，为诗赋文集特别编排了『文翰』一目，这是『集部』的雏形。南朝梁目录学家阮孝绪作《七录》时，编排了『经典』『纪传』『子兵』『文集』等目录，『集部』的名称浮出水面。长孙无忌作《隋书（经籍志）》时，明定了四部的条目，『集』类包括《楚辞》类、别集类和总集类。后世编排典籍时，都以此为法。纪晓岚在修纂《四库全书》时，又在集类中加上『诗文评』和『词曲』两类，『集』的体制最终形成。

汉代刘向搜集屈原、宋玉等的辞赋，把他们定名为《楚辞》，有后人称它为『骚』。《隋书（经籍志）》中的『集部』，独以《楚辞》为一类，是因为汉以后，辞赋的体制发生变化，所作的辞赋和《楚辞》不同类，而《楚辞》也不和其他文集同类，属于单独的另类，

也只好单独把它列为一类了。贤臣屈原遭奸人谗言被放逐，忧愤之下作《离骚》八篇，借抒发自己心志，劝谏君王，反为君王所怨恨。屈原怀瑾握瑜，不扬波逐流，铺糟啜醨，而投江于鱼腹之中。其弟子宋玉、唐勒悲痛，而应和老师的文章。其后，贾谊、东方朔、刘向、扬雄，钦羡于屈原的文质，而拟其形而作文章。后人为《楚辞》为注，这些注是读《楚辞》不可不参用的。其中，比较好的有王逸的《楚辞章句》、洪兴祖的《楚辞补注》、朱熹的《楚辞补注》。『集部』把这些统一归入《楚辞》类中。

别集是作者的作品集，形成于汉末，相传是汉东京所创。在『集部』中最为宏富，体式最复杂。后世之人想观前人的文章，探察前人的思绪，将前人的文章萃集在一起而形成别集。路遥知马力，前世的文章经历时间的侵蚀而没有消亡的，是聚天地之英华之文，汇聚成别集来供后人鉴赏。西汉司马相如的赋，司马迁的史最负盛名，扬雄崛起于一端。东汉孔融笔墨雄隽，开『建安七子』之风。曹植思精才隽，足冠群英。魏晋六朝之时文风浮华，追求词藻的华美，徐陵、庾信的文体，极盛一时；陶渊明以闲雅高致的文章，独翘文坛。唐代诗文始为时而作，为实而作，褪去了六朝的浮华之风。韩愈开一代先河，柳宗元行文雄深雅健，唐宋八大家之风引领潮流。元代姚燧一改宋末明理之风，明初宋濂、刘基的文风雄逸，极盛一时。到清代首推侯方域，启『桐城派』之钥。

别集可以分为全集、体裁集、选集和分期别集。全集是把一个人作品全部收录，如《李太白集》；体裁集是按体裁分体收录的，如《剑南诗稿》；选集是按体裁或题材抽修出部分作品，如《欧阳文粹》；分期别集则是按时间编选而成，如《长庆集》。

总集是汇编多人的作品而形成的。建安以后，辞赋繁多起来，读时也感觉繁芜，晋代的挚虞选其中精华者，合成《流别》一书，这是最早的总集。总集并不是全集，全集追求全，良莠全部囊括在内，而总集并不是每个人的全集，它是根据一定的标准选择出最好的作品加以汇编。但后来总集追求大而全，人们便从总集中选出一部分菁华加以编集，这就是裁集。总集中优秀者，有南梁萧统《昭明文选》、南陈徐陵《玉台新咏》、宋代《文苑英华》、清彭定求《全唐诗》等等。

两汉时期是中国古代文章最兴盛时期，那时无文评之风。汉末魏初时，文人竞相标榜，相互诋评，品头评足，出现了『诗文评』类的著作。宋明两代文人，皆好议论，诗文诗评类的书繁杂。清代纪晓岚认为评论可以去糟粕，采精华，可以触发新意，所以将其列入集部。其中优秀著作有：梁刘勰的《文心雕龙》，梁钟嵘的《诗品》，宋欧阳修的《六一诗话》和宋刘攽的《中山诗话》。古人词与曲是文章的末流，作者出身大都寒微，所以历代文献汇编时，没有词与曲。然纪晓岚认为它们是乐府之余音，不能全部称为俳优，也把它列入集部，如《东坡词》《放翁词》和《稼轩词》等。

《四库全书》的集部将经史诸子之外的可归属为今天所说文学艺术类的作品悉数收入其中，成为四部之中最异彩纷呈的部分。

章节·叁

五常之精

『五常』是中国国学的精髓之一。『五常』即仁、义、礼、智、信，指『人』作为社会中的独立个体，为了自身的发展和社会的进步，而应该拥有的五种最基本的品格和德行。

『五常』贯穿于中华伦理的发展中，已成为中国道德价值体系中最核心的因素。仁，即二人。中国古人在长期的社会实践和人际交往中发现，在面对同一件事时，经常会出现截然不同的意见和观点，这是因为人们常常以自身的经验和利益来作为判断是非的标准。于是提出了『仁』的观念，也就是如今所谓的换位思考。『仁』不仅是最基本的、最高的道德目标，也是最普遍的德性标准。以仁为核心形成的古代人文情怀，经过现代改造，转化为现代人文精神。

义，与仁并用为道德的代表，于是中国有『仁至义尽』的说法。义成为人生观、价值观，是人生的责任和奉献，至今仍是中国人崇高道德的表现。礼，与仁互为表里，仁是礼的内在精神，重礼是『礼仪之邦』的重要传统美德。这些已经成为一个人、一个社会、一个国家文明程度的一种表征和直观展现。继承发扬礼，是构建和谐社会的需要。智，从道德智慧可延伸到科学智慧，把科学精神与人文精神结合和统一起来。信，乃人言，是说人要对自己说过的话负责任，这是做人的根本，是兴业之道、治世之道。守信用、讲信义是中华民族共认的价值标准和基本美德。

中国国学中的『五常』，在现代化为仁爱、忠义、礼和、睿智、诚信。作为中国古代思想家提出的五个道德范畴，仍然具有持久的普世意义。

五常深意

儒家的『仁、义、礼、智、信』是具有鲜明实践性的学问，正所谓『百姓日用而不知』，表明儒学是能适应现代生活的活学问，也是中国本土文化创造的精髓。儒家作为对中国文化影响最为深远的一个学派，对中国文化有着几千年的影响。『五常』对于中国人和中华民族的思维方式，也起着至关重要的作用。

中华民族五千年文化的精髓，用文字记录下来，成了一本本国学经典。国学经典底蕴丰厚，蕴藏丰富的为人处事的经验和道理，其思想内涵的核心就是仁、义、礼、智、信。儒家的『仁义礼智信』又称『五常』，是中国几千年来的价值体系中最为核心的元素。

儒家『仁、义、礼、智、信』的提出有其历史过程。孔子提出『仁、义、礼』，孟子扩展为『仁、义、礼、智』，董仲舒完善为『仁、义、礼、智、信』。汉代以后，『五常』贯穿于整个中华伦理的发展过程，成为中华传统价值体系中最核心的内容。经过宋明时期的发展，逐渐完善。

『仁、义、礼、智、信』的提出有其深刻的历史背景，更基于孔子生活时代的社会背景和思想文化背景。孔子生活在一个多变的年代，社会关系发生了变动，新的封建生产关系开始逐渐形成。这个时期最显著的社会特征是社会政治统治权力正在从没落的周王室向当时的诸侯公室，然后再向大夫下移。周王室微而礼乐坏，不同利益代表、不同文化派系的人为了达到各自的利益，都尽力从道德上寻找根据，并把道德约束作为达到政治目的的一种手段。

孔子所处的时期是中国古代第一个文化高潮时期。政治、经济的发展，百家争鸣局面的出现，促进了文化思想、理论的大发展。在发展过程中，伦理道德思想占据着重要的位置。孔子是这一时期第一个思想家，也是上一个时期最后一位思想家，在中国思想史上居于承前启后的历史地位。

孔子『仁』的思想的确立与孔子所诞生、成长的鲁国的社会环境也有密切的关系。鲁国是

周公旦的封地，是当时奴隶制的文化中心，保存着丰富的宗周典籍和完整的文物制度。鲁国的文化环境陶冶了孔子对周文化传统无限景仰的感情，他曾经说：『周之德可谓至德也已矣。』

孔子饱览鲁国保存的丰富的文化历史典籍，从中获得了极为清晰的历史感和历史眼光，同时，对殷周以来由宗教而道德的传统道德进行损益，形成了自己独具特色的『仁』的思想，并通过『明知不可为而为』的践行方式，一生致力于绵延这种后来被称为华夏民族精神的思想，即以共同的、一般人的『人』为根源和统一基础的『仁』的精神。最终他创建的『仁』的思想成为中国传统思想的主体，儒家也成为影响最大的一个学派。『仁』也成为『五常』的核心。

提起『五常』，人们很自然地就会想到古代的名人故事。唐太宗仁德布于四海，让人们知道什么是『仁』；关云长『义薄云天』，让人们知晓什么是『义』；花木兰替父从军，让人们知道什么是『礼』；文与可『胸有成竹』，让人们懂得什么是『智』；『千金难买季布一诺』，让人们理解什么是『信』。

仁、义、礼、智、信五者有不同的内涵与维度，但同时又具有内在联系。其中，『仁』是核心，是最高原则，也就是说对人类、对人性、对生命的终极关怀和爱护应当是最终目的，是至上的道德原则；『义』则是要在自我与他人、个人与群体的生命价值和利益发生矛盾冲突时，维系一个适宜的行为选择的限度；『礼』则是礼仪文化的外在形式，将仁义的精神付之于日常社会行为中直观的践履和操作；『智』的追求必须以不违背人性、不损害人类的根本利益为限度，也就是不能背离仁的精神和义的原则；『信』则以天道之诚，承诺着仁、义、礼、智作为道德理念的真实不虚，和在道德践履中的真诚不二。总之，借用其形式，改造其内容，赋予新的时代精神，儒家『仁义礼智信』的道德范畴对于当今道德文明建设仍然是可以利用的珍贵文化资源。

儒家的『仁、义、礼、智、信』是具有鲜明实践性的学问，可以说生活中处处有，正所谓『百姓日用而不知』，表明儒学是能适应现代生活的活学问，也是中国本土文化创造的精髓。

仁者爱人

『仁』是儒家学说的核心，对中华文化和社会的发展产生了重大影响。穿越五千年的人类社会文明史，时代发展到今天，『仁』的意义，已经从传统的理论『夫仁者，己欲立而立人，己欲达而达人』，逐步地升华为高于儒家思想的道德要求。

儒家『五常』的『仁、义、礼、智、信』，是中国价值体系中的核心元素。而『仁』又是『五常』之核心。朱熹说：『百行万善总于五常，五常又总于仁。』楚简『仁』字从身从心，谓仁人能够身心合一、内外合一，将仁爱之身与仁爱之心有机地统一协调，和谐处世、和谐待人、和谐接物。因此，『仁』这种美德乃是合天地、合身心、合内外、合人己、合物我为一的美好境界。

从说文解字来讲，仁字乃『人』和『二』的组合，『仁』是二人合而为一，乃亲如一体也。可以理解为二人相处之道。仁的产生是社会关系大变动在伦理思想上的表现，社会变革引起了人与人之间关系的剧烈变化，从而出现了『礼崩乐坏』的局面。在之前的周礼被破坏后，有识之士便站了出来，寻求一种新的理想的人与人之间的关系。

春秋时代就出现了许多关于仁的思想记载。『仁』字始见于儒家经典《尚书·金縢》：『予仁若考。』仁指好的道德。《诗经·郑风·叔于田》曰：『洵美且仁。』《诗经·齐风·卢令》曰：『其人美且仁』，两处提到仁，且都和美字联系在一起，显然在这里，仁是仪文美备的意思，有『文质彬彬，然后君子』的意义。孔子从春秋时代大量有关仁的思想资料中加以取舍，提炼和综合，使仁真正成为一个范畴，从其他德性中超拔出来，赋予新的丰富的内涵，并以此为逻辑起点，构筑了早期的儒家思想体系。

孔子把『仁』作为最高的道德原则、道德标准和道德境界。他第一个把整体的道德规范集于一体，形成了以『仁』为核心的伦理思想结构，它包括孝、弟（悌）、忠、恕、礼、知、勇、恭、宽、信、敏、惠等内容。其中孝悌是仁的基础，是仁学思想体系的基本支柱之一。

《论语》中关于『仁』的章句记载，最能体现孔子仁德思想。有一次，孔子的学生子张问孔子：『究竟何谓「仁」？』孔子回答说：『做到恭、宽、信、敏、惠五点即可。』孔子又解释说：『没有放肆的心叫恭；心地不狭窄叫宽；没有欺诈的心叫信；没有怠惰的心叫敏；没有苛刻的心叫惠。一个人如果没有仁德，就不能称之为人了。如果一个人承担了「仁」的事，就要勇往直前地去做，不可有半点的谦让之心。即使老师在面前，也不必同他谦让。』

孔子认为『仁』就是『爱人』。从理论源头上考察，孔子的『爱人』观点来自周初的『保民』『敬民』思想。『爱人』作为『仁』的重要精神内涵具有广泛的适用性，在孔子『仁』的价值内涵中，由『爱人』所推导出的一系列内容都深刻体现出孔子对一般社会民众的关注，对整个人类社会发展中实现人际之间共同和谐发展的关切。这一切，都奠定了孔子作为中国乃至世界最伟大思想家的地位。

孔子对仁德思想也是身体力行的。孔子家后院马房着了大火。火刚扑灭，孔子退朝回来了，连忙问发生了什么事。家人报告说马房着了火，孔子连忙问，有没有伤到人。家人说没有伤着人，孔子才放了心，而没有先问马怎么样。这则典故，仁者爱人思想体现得淋漓尽致。

孔子关于『仁』的思想具有很强的实践性特征，他把关注的焦点投向社会，投向现实，时刻关注现实生活中如何实现人的全面发展问题。为了崇高的『仁』的境界，绝不做违背最高道德准则的事，必要的时候要不惜牺牲自己来成就这一事业。以至于『杀身成仁』成为后世一些知识分子报国捐躯的行为准则，多少『仁人志士』在此原则的指引下奋不顾身地为国家、为民族事业而奋斗终生。

孔子思想体系中『仁』这一重要概念的内涵是极为丰富的，有内在的如何达到『仁』的境界，有外在的如何实现『仁』的方式方法；小到个人理想人格的培养，大到治理国家的理想社会行为，是一个具有深刻内涵，包括个体及群体生活在内的思想和行为各方面的理想人格修养体系。孔子关于『仁』的思想在今天仍然具有其一定的合理性及适用性，这也是孔子思想的强大生命力之所在。孔子思想为后来的孟子和荀子所提倡的『内圣外王』之道提供了理论参考，其中的某些行为甚至完全被后人所吸取，成为儒家人学思想中永恒的『不灭之火』。

儒家把『仁』的学说施之于政治，形成『仁政』说，这在中国政治思想发展史上产生了重要影响。孟子在孔子仁说的基础上，提出著名的『仁政』说，要求把『仁』的学说落实到具体的政治治理中，实行王道，反对霸道政治，使政治清平，人民安居乐业。孟子提出一些切于实际的主张，重点在改善民生，加强教化。行仁政，天下可得到治理；不行仁政，则天下难以治理。孟子认为，即使是百里小国，只要行仁政，天下百姓也会归之而王。他对梁惠王说：『行仁政须落实到「省刑罚，薄税敛」等发展农业生产要事上来，只有这样，才能在巩固国家经济政治生活的基础，修德行教，使仁爱之心推而广之，即使是坚甲利兵也能战而胜之。』强调以仁政统一天下，进而治理天下，提倡以德服人的『王道』政治，反对以力服人的『霸道』政治，批评暴力，反对战争。这是儒家仁政理论的基本出发点。儒家认为，民生是治国之本，民以食为天，衣食足，有恒产才有恒心，满足了百姓的

衣食需求，国家才能稳固而得到治理。

孔子之后，在历代儒家不断地浇灌和护理之下，这棵新芽历经两千多年的时空穿越，终于又长成了一棵参天大树——儒家文化及以儒家文化为主干的中国传统文化。因此，发现仁，并且把礼乐文化植根于仁的基础上，这是孔子对中国文化最伟大的贡献。借助于仁，中国传统文化顺利地实现了由上古向中古的转折；借助于仁，孔子之前数千年和孔子之后数千年的文化血脉得以沟通连接，而没有中绝断裂。

其他学派关于『仁』的论述也有很多。从墨子的『天下之人皆相爱，强不执弱，众不劫寡』到庄子的『亲而不可不广者，仁也』，最后到韩愈的『博爱之谓仁』，都强调了『仁』是一种大爱。它是中国古代一种含义极广的道德范畴，是中国价值体系的核心。

在中国，『仁义胡同』的故事曾传为美谈。很久之前两家相邻的地方，因地界发生了争执，其中一家有人在京城做官，也有权势，家人给他写信说明与邻居发生了争地界的事，想借助他的权势解决此事。这位在外做官的人清廉而开明，更不会为自己家中的私事仗势欺人，他给家中的信中附了一首诗，表明了他的态度：『千里捎书为一墙，让他三尺又何妨？万里长城今犹在，不见当年秦始皇。』家中接到此诗，明白了在外做官的主事人的意见，并照此办理，不仅停止了与对方的争执，还主动让出了三尺地界。俗语说：争者不足，让者有余。这家一让，另一家也受到感动，家人一商议，应以谦让和善为重，也主动让出三尺宽的地方，这样两家就让出了六尺宽的地方。怎么办呢？这里正缺一条南北通道，就修建了一条胡同。不知是谁建议用『仁义』二字给胡同命名，几百年来人们就这样叫开了，一直到今天。

『仁』是儒家学说的核心，对中华文化和社会的发展产生了重大影响。穿越五千年的人类社会文明史，时代发展到今天，『仁』的意义已经从传统的理论『夫仁者，已欲立而立人，已欲达而达人』，逐步地升华为高于儒家思想的道德要求。

「义」作为儒家伦理范畴，其基本内涵是威仪、友谊、情谊、美善、公平、正义、适宜。朱熹《集注》：「义者，行事之宜。」宜的标准为仁，符仁则为宜，所以义是符合仁的道德规范，义释为符合正义或道德规范的行为。

「义」的繁体字是「義」。根据《说文解字》：「義」是会意字，从我，「我」就是离不开我，用我身上的观点去辨别是非，在人家需要时，及时出手；从羊，「羊」表祭牲，就是祭祀用的祭品，有自我牺牲的意思。所以「义」的本意是：符合道德的行为或道理，舍生取义表明古人为了重信义可以献出自己的生命。

「义」作为儒家伦理范畴，其基本内涵是威仪、友谊、情谊、美善、公平、正义、适宜。朱熹《集注》：「义者，行事之宜。」宜的标准为仁，符仁则为宜，所以义是符合仁的道德规范。义释为符合正义或道德规范的行为。义的具体内容为尊兄、敬长、敬上、尊贤、公平、正义、无私、禁民为非、尊重和保护私有财产权，反对侵凌、兼并、残民以逞的不义战争等。

孔子最早提出了「义」，并以「义」作为评判人们思想、行为的道德准则。孔子还把「义」和「勇」联系起来，认为「君子有勇而无义为乱，小人有勇而无义为盗」（《阳货》），反对「见义不为」的「无勇」行为。

战国末期，秦国大军在攻下了赵国后直逼燕国。燕国壮士荆轲自愿出使秦国，在向秦始皇献上樊於期的人头和赵国地图时，荆轲从地图中取出匕首，刺向秦始皇。虽然最终未能成功，荆轲英勇牺牲，但是荆轲刺秦的故事一直为人乐道，流传为忠义佳话。

书法家颜真卿为人正直，得罪了朝中奸相卢杞。时值李希烈拥兵造反，皇帝听从卢杞的主意，派颜真卿前往劝降。颜真卿来到李希烈军中，义正词严驳斥李希烈。李希烈恼羞成怒，加害了颜真卿。颜真卿在燃烧的火堆旁奋然提笔写下了「立德践行，千古留名」。

这两个典故，都是在中国广为流传的忠义故事。

『义』与义利之辨是孔子伦理观的重要范畴。在义利问题上，孔子首先考虑利是否符合义。孔子曰：『君子喻于义，小人喻于利。』孔子在这里从道德的意义上区分了两种面临义利抉择时对于义的不同态度。君子在《论语》里是具有理想和高尚人格的人，君子重义，小人重利。在孔子的眼里，把义排在了第一位，而把利排在其后。孔子的义利观告诫人们在利益的面前应如何处理好『义』和『利』之间的关系。正确的关系是『以义取利』，用义的手段去合理地取得利益，而不是去违义争利。孔子的义利观告诫人们一定要『见利思义』，在追求自己的利益时一定要想一想是不是合乎道义。合乎道义的利益才能去追求它，而违背道义的利益是应该敬而远之的。

需要指出的是，儒家虽然重视『义利之辨』，但并不一概反对群体或个人对利益的合理追求。孔子说：『富与贵，是人之所欲也。』但是儒家强调，追求利，追求个人的自由发展，应该有个底线，这就是义与不义，不能以不义的手段追求利。

孟子进一步阐释了『义』。他认为『信』和『果』都必须以『义』为前提。他们把『义』作为儒家最高的道德标准之一。『义』与『仁』并用为道德的代表，『仁义』是封建道德的核心，就是『仁至义尽』。《论语·里仁》：『君子之于天下也，无适也，无莫也，义之与比。』又：『君子喻于义，小人喻于利。』《孟子·离娄上》：『大人者，言不必信，行不必果，惟义所在。』

孟子视『义』为裁别是非的标准，领导人发政施仁的尺度，指导一般人立身修养做人、做事的原则。他认为『义』在人生价值中最为重要，因而重义而轻利，主张一切唯义是从，反对唯利是取，认为『上下交征利而国危矣』（《梁惠王上》）。《周易》有『利者义之和也』与『利物足以和义』两句，而《周易·文言》谓『利物为义』。《尚书·仲虺之诰》：『以义制事。』谓以公平正义的标准裁制事理，则事得其宜。一切都用『义』去裁判节制，老百姓就会信服钦佩。『义』这个字的本来含义就是适宜。『义者，所以合宜也。』作为伦理学范畴的『义』，是指一个社会里公众认为适宜的、应该的道德行为准则。『义』的原则往往也会以法律的形式体现出来，所以也是一定社会的法律前提。

另外，『义』者，『义务』也。也就是该做的一定做到，不做也是不义，这就是所谓的『义之所在，有所不惜』。

『义』成为一种人生观、人生价值观，如：亲情和友情发展到完美的程度，就有『义』的成分。有『义』在，就会使友谊友情友善纯久。有『义』在，朋友不会出卖朋友，丈夫也不会抛弃妻子儿女。『义』是人生的责任和奉献，如义诊、义演、义卖、义务等，至今仍是中国人崇高道德的表现。

尽管不同社会、不同时代『义』的具体内容会有所不同，但不同社会、不同时代的『义』也有其共性和延续性。随着人类交往日益密切频繁，人类在道德原则上也会有越来越多的共识，那些被人类普遍认为是『适宜』的道德原则，就是『天下之公义』。

礼仪文明

在长期的历史发展中，礼作为中国社会的道德规范和生活准则，对中华民族精神素质的修养起了重要作用。同时，随着社会的变革和发展，礼也在不断被赋予新的内涵，不断地发生着改变和调整。

『礼』原是宗教祭祀仪式上的一种仪态，《说文解字》说：『礼，履也，所以事福致福也。』可知，『礼』原来并没有等级制度的伦理道德方面意义。随着社会的发展，礼成为现实生活的缘饰，用外之物以饰内情。礼是一个人为人处事的根本，也是人之所以为人的一个标准。故《论语》曰：『不学礼，无以立。』

在孔子以前已有夏礼、殷礼、周礼。夏、殷、周三代之礼，因革相沿。『礼』具有社会身份制度方面的意义，最迟在殷商时代已经存在。但是，作为一种较为严格的社会制度，则是周朝初年的事情。周朝初年，周武王伐纣灭殷，为着巩固自己的统治，周公便在殷礼的基础上，重新制定礼乐，将作为社会身份意义的『礼』制度化、系统化。到周公时代的周礼，已比较完善。

周人本以『尊礼』著称。到了春秋时代，王室衰微，礼乐征伐自诸侯出，陪臣执国命，等级制度破坏，统治者内部对于礼任意僭用，礼崩乐坏，所以司马迁说，『孔子之时，周室微而礼乐废』。但由于周代礼制非常完善、周密，仍为士大夫所向往，力图予以恢复。

春秋时代，孔子以前的人，如师服、内史过等，与孔子同时的人，如叔向、晏婴、游吉等，论礼的很多。但论礼最多，并自成体系的首推孔子。他一生以诗书礼乐教弟子，《论语》中有七十五处记载孔子论礼。他从理论上说明礼的重要性，立身治国都非有礼不可。儒家认为，人人遵守符合其身份和地位的行为规范，便『礼达而分定』，达到孔子所说的『君君、臣臣、父父、子子』的境地，贵贱、尊卑、长幼、亲疏有别的理想社会秩序便可维持了，国家便可以长治久安了。

『礼』有着作为政治的等级制度和伦理道德两个方面的属性，作为等级制度的『礼』，强调的是『名位』，也就是孔子所谓的『君君、臣臣、父父、子子』。作为伦理道德的『礼』的具体内容，包括孝、慈、恭、顺、敬、和、仁、义等等。作为观念形态的礼，在孔子的思想体系中是同『仁』分不开的。孔子说：『人而不仁，如礼何？』他主张『道之以德，齐之以礼』的德治，打破了『礼不下庶人』的限制。所谓『礼不下庶人』，也并非庶人无礼，只是说庶人限于财力、物力和时间，不能备礼，更重要的是贵族和大夫的礼不适用于庶人。礼是有差别性的行为规范，决非普遍适用于一切人的一般规范。礼是富于差别性、因人而异的行为规范，所以『名位不同，礼亦异数』。每个人必须按照他自己的社会、政治地位去选择相当于其身份的礼，符合这条件的为有礼，否则就是非礼。

举例来说，八佾舞是天子的礼，卿大夫只许使用四佾，鲁季氏以卿行天子之礼，八佾舞于庭，孔子认为非礼，愤慨地说：『是可忍也，孰不可忍也？』树塞门和反坫是国君所用的礼，管仲采用，孔子批评他不知礼。历代冠、婚、丧、祭、乡饮等礼，都是按照当事人的爵位、品级、有官、无官等身份而制定的，对于所用衣饰器物以及仪式都有繁琐的规定，不能僭用。在家族中，父子、夫妇、兄弟之礼各不相同。夜晚为父母安放枕席，早晨向父母问安，出门必面告，回来必面告，不住在室的西南角（尊者所居），不坐在席的中央，不走正中的道路，不立在门的中央，不蓄私财，是人子之礼。只有通过不同的礼，才能确定家族内和社会上各种人的身份和行为，使人人各尽其本分。

到了战国时期，孟子把仁、义、礼、智作为基本的道德规范，礼为『辞让之心』，成为人的德行之一。荀子比孟子更为重视礼，他著有《礼论》，论证了『礼』的起源和社会作用。他认为礼使社会上每个人在贵贱、长幼、贫富等等级制度中都有恰当的地位。礼的中心是社会关系，所有的社会结构都是从礼这里出发衍生出来的。

孔学的礼不是仅指一般的礼仪，礼仪只是遵循礼（社会关系）的一种表达形式而已。礼的本质就是社会关系，有什么样的社会关系就有什么样的礼，所以三代（夏商周）不同礼，礼也是与时俱进的。儒家主张礼治，以差别性的行为规范即礼作为维持社会、政治秩序的工具，同法家主张法治，以同一性的行为规范即法作为维持社会、政治秩序的工具，原是对立的。在先秦百家争鸣的时代，儒、法两家各自坚持自己的主张，抨击对方的学说，互不相让。以礼入法，是中国法律发展史上的一件大事，法律因此发生了重大而深远的变化，礼成为法律的重要组成部分，形成了法律为礼教所支配的局面。古人所谓『明刑弼教』，实质上即以法律制度的力量来维持礼，加强礼的合法性和强制性。礼与法的关系极为密切，这是中国封建法律的主要特征和基本精神。

在长期的历史发展中，礼作为中国社会的道德规范和生活准则，对中华民族精神素质的修养发挥了重要作用。同时，随着社会的变革和发展，礼不断被赋予新的内容，不断地发生着改变和调整。

自从民国以来，中国的礼仪制度在不断变得简单化、人性化，吸收了西方一些可以借鉴的模式。『礼』，只是人们日常生活中所必需遵守的道德规范和行为规范，已经脱离了原先为封建时期森严的等级制度服务的本质，而是维系社会良好风气的道德规范。但这并不是

意味着人们可以不再受到『礼』的约束，实际上，应该鄙弃的只是『礼』中的糟粕，对于儒家文化中占据相当分量的高尚东西，现代人还是要继承并发扬。世界眼中的中华民族，是一个文明、开放的民族，中国是一个文明、开放的国度。中国的形象，会因为『礼』而更加亮丽，清新。

智者见智

掌握知识并善于思考的人，就可能成为『智者』。『智者』不仅知识丰富，而且聪明智慧，所以孔子说：『知者不惑。』具有完善理想人格的君子，不仅应当是『仁者』，而且也应当是『智者』。『智』与『仁』是相辅相成的，好学求知也能促进仁德的自觉和生长。

『智』，是『知』的后起字，『知』是『智』的古字。通晓天地之道、深明人世之理的才能，就叫作『智』，也就是知。真正的知、智，一定是真理，一定是真相，也一定不会偏离仁和义。在儒家的道德规范体系中，『智』是最基本最重要的德目之一，也是儒家理想人格的重要品质之一，被视为『三达德』『四德』及『五常』之一。

『智』德的基本的内涵是：聪明，智慧；明辨善恶，正确认识仁义道德和实践仁义道德的能力；是非之心，智之端也。『智』作为道德智慧，是孔子在继承和发展远古、唐尧、虞舜、夏禹、商汤、文、武、周公等人关于认识自我、认识他人、关心他人、理解他人、明辨是非，分别善恶的智慧等美好思想的基础上，概括出来的一个具有普遍意义的道德范畴和价值取向标准。

知人则哲。古代『知』与『智』相通。孔子将认识自我看作有道德的君子的前提，将认识礼仪作为立身的前提，将理解认识他人的言行作为认识理解他人的前提。其关心他人、理解他人的『智』德是建立在仁爱他人的基础上的。孔子将『智』与『仁』、『勇』视为人的三种美德。他将持有这三种美德的人进行比较说：『仁者不忧，知（智）者不惑，勇者不惧。』（《论语·宪问》）他又将具有仁德与智德的人进行比较说：『知者乐水，仁者乐山。知者动，仁者静。知者乐，仁者寿。』（《论语·雍也》）

在儒家思想史上，孟子第一次以『仁义礼智』四德并提。他从行为的节制和形式的修饰、道德的认知和意志的保障等意义上确立了礼与智在道德体系中的不可或缺的位置。最终，仁义礼智四位一体，相依互补，恰成一完整的范畴系统，构建为人道的全部蕴涵。

到了汉代，儒家『五常』（仁义礼智信）确立，『智』位列其中。儒家把『智』列为『五常』之一，认为追求知识，增长聪明智慧，也是人生一个重要的价值取向，体现了对于知识和智慧的尊重。

儒家相信，人有认识事物的能力，而任何事物都是可以被认识的。世界上只有尚未被人类所认识的事物，而没有不可以被人所认识的事物。人类不断通过实践，认识世界，认识自我，探究万物，掌握规律，创造文明，积累起越来越丰富的科学文化知识。这些知识代代相传，不断发展，犹如漫漫长夜里永不熄灭的明灯，茫茫大海上永不沉没的航标，照耀着社会人生之正途，指引着通往真理的方向。『五常』之『智』恰好可以用来提倡崇尚知识、追求真理的精神。

掌握知识并善于思考的人，就可能成为『智者』。『智者』不仅知识丰富，而且聪明智慧，所以孔子说：『知者不惑。』具有完善理想人格的君子，不仅应当是『仁者』，而且也应当是『智者』。『智』与『仁』是相辅相成的，好学求知也能促进仁德的自觉和生长。故子夏曰：『博学而笃志，切问而近思，仁在其中矣。』『智』作为实现最高道德原则『仁』的重要条件，可以分为五个步骤，即博学、审问、慎思、明辨、笃行。古希腊哲人苏格拉底也说过：『美德即知识。』若能将正确的人生观、道德观建立在科学知识和真理的基础之上，则人类安身立命的道德根基也许会更加坚实而深厚。

孔子在关于知识的来源问题上曾经说：『生而知之者，上也；学而知之者，次也；困而学之，又其次也；困而不学者，民斯为下矣。』这段话是孔子认识论思想最集中最关键的表

述，也可以说是他认识论的纲领。从字面上可以理解为：生下来就通晓知识的人是最上等，然后通过学习获得知识的人是次一等的，遇到困难然后再去学习的人是更次一等的，而遇到困难还不学习的人，在老百姓中就是最下等的。

孔子的『学而知之』思想，其中体现了现代辩证法的思想。孔子是重视『学而知之』的。『学而知之』也是高于和重于『生而知之』的。子曰：『学如不及，犹恐失之。』以及『子曰：三人行，必有我师焉！择其善者而从之，其不善者而改之。』而且孔子自身也践行了『学而知之』的思想，子曰：『默而识之，学而不厌，诲人不倦，何有于我哉？』

崇尚知识与智慧，必然重视学习与教育。孔、孟都是伟大的教育家。孔子主张『有教无类』，可以说是提倡全民教育的先驱。『孔门四科』和『六艺』等教学内容，体现了对学生德、智、体、美、情的全面教育，可以说是素质教育的典范。他的教育理念本身，体现了一种道德的而非功利的精神。古代儒家留下的许多有关教育和学习的格言、教诲，例如『学而不思则罔，思而不学则殆』『学无常师』『教学相长』『不耻下问』『举一反三』『温故知新』『知人论世』『尽信书，则不如无书』等等，都是儒家思想中的精华，即使在当代社会也仍然具有非常重要的意义。

信立天下

『信』德要求人们恪守做人的基本原则，即诚实不欺，有信用。将『信』德视为恪守『仁』德的充分必要条件。『信』既是实现『仁』的重要条件，又是道德修养的内容。『信』，是做人的根本，是兴业之道、治世之道。守信用、讲信义是中华民族公认的价值标准和基本美德。

『信』德作为道德条目是由孔子、孟子等人在继承和发展远古、唐尧、虞舜、夏禹、商汤、文、武、周公等人关于构建和谐交往、和谐政治、和谐经济、和谐文化、和谐社会的诚实不欺、有信用的伦理思想基础上提出来的一个具有普遍意义的道德范畴和价值取向标准。信字从人言，人言不爽，方为有信也。诚心之意也，以诚居心，必然诚实。处世端正，不诳妄，不欺诈者，是为信也。『信』的道德要求，内涵很丰富，包括说话算数，言行如一；尊重事实，反映真相；信守承诺，忠于职守；勇于承担责任，认真履行义务，等等。与『信』相反的便是表里不一，背信弃义，虚伪欺诈，不守信用，不负责任。谈及『信』德的由来与发展，让人不能不说孔子。孔子将『信』德作为教育学生的四大任务规定下来。『子以四教：文、行、忠、信。』（《述而》）《论语》中记载了孔子三次强调『主忠信』。『信』德是成就君子的必要条件之一。同时孔子还认为『信』德是为政的三大法宝之一。

『子贡问政。子曰：「足食、足兵、民信之矣。」子贡曰：「必不得已而去，于斯三者何先？」曰：「去兵。」子贡曰：「必不得已而去，于斯二者何先？」曰：「去食。自古皆有死，民无信不立。」』（《颜渊》）可见，中国儒家将取信于民作为政治的最根本、最重要的和必要的前提及条件。

孔子把『信』作为『仁』的重要表现之一，要求做到『敬事而信』『谨而信』（《论语·学而》），认为这是贤者应有的美德。『信则人任焉』（《论语·阳货》），诚实守信用就会得到别人的任用。《大学》修身之道的『八条目』以修身为本，修身的前提是『正心』『诚意』，

诚意是取信于人的关键。

孔子的学生子夏也明确提出『与朋友交，言而有信』（《学而》）的道德要求。『信』德要求人们恪守做人的基本原则，即诚实不欺，有信用。将『信』德视为恪守『仁』德的充分必要条件。『信』既是实现『仁』的重要条件，又是道德修养的内容。『信』，是做人的根本，是兴业之道、治世之道。守信用、讲信义是中华民族公认的价值标准和基本美德，是做人最基本的规范，是人际交往的基本准则。古代的思想家历经数千年仍在提醒后世，承诺之前一定要先思考清楚，轻诺容易寡信。

孟子将人言为信，以言语取信于人的『信』德上升到诚身明善，提出了『诚』与『思诚』的道德原则和方法。『诚』，内心实在、真实无妄的意思。孟子认为，人们进行内心修养、反求诸己还必须有『诚』，努力做到『诚身』或『反身而诚』。孟子认为『诚身』『反复而诚』对于道德实践至关重要，道德行为能否感动别人，就在于是否心诚。可见，『诚』德实际上是一种极高的精神境界，体现了对『善』的追求的坚定信念和真实感情。

曾子说：『吾日三省吾身，为人谋而不忠乎？与朋友交而不信乎？传不习乎？』曾子杀猪教子，季步一诺千金。古人重信，由此可见一斑。人无信不立。一个没有信誉的人，是很难生存于社会的。周幽王烽火戏诸侯，留下千古笑谈，从反面告诫我们：不要轻易失信于人。中华民族有着悠久的诚实守信的优良道德传统，历史上传诵着许多诚实守信的故事。

春秋战国时期，秦孝公采用商鞅的建议实施变法。法令已经制定，但还未公布。商鞅担心老百姓不信，便在国都咸阳集市立起一根数丈高的大木杆，说谁能把他扛到北门去，便给他十金。老百姓觉得奇怪，也没有人敢去搬运。商鞅又下令说：『能扛过去的人给五十金。』于是有一个人便将此木挪到了北门，商鞅立即便给了他五十金。此后，商鞅才颁布了变法的法令。这样取得了民众的信任，法令很快在秦国推行开来，秦实现了富国强兵，最终成就霸业。

有一则故事出自《左传·僖公二十三年》。晋公子重耳因蒙难而流亡他乡，当时很多诸侯国不接纳他，但到了楚国后，楚国热情地招待了他。在招待他时，楚国国君问他说：『如果你以后做了晋国国君，将如何报答我？』重耳说：『珍珠美玉，你都不缺，我不会有更稀罕的东西送给你，不过托你洪福，以后我如果做了晋国国君，假若我们在战场上相遇，我便以退避三舍（一舍三十里）作为回报！』后来，重耳果然做了国君，成了晋文公。五年之后，也就是僖公二十七年（前六三三年），晋文公果然与楚国在战场上相遇，晋文公确实实践了自己的诺言，退避近百里以报楚国招待之恩。

继承发扬诚信的道德传统，在当今社会显得更加迫切。中国传统儒学关于诚信的思想，也是今天建设社会信用体系时可以利用的重要道德价值资源。中国人讲究『明礼诚信』，其中『诚信』二字是对中国传统『信』德和『诚』德的继承与发展。